Ewald Schlitt

Nicole Wolfanger-von Kleist

Schminken für Bühne und Bütt

Ewald Schlitt
Nicole Wolfanger-von Kleist

Schminken für Bühne und Bütt

Urania-Ravensburger

Die Deutsche Bibliothek – CIP-Einheitsaufnahme
Ein Titeldatensatz für diese Publikation ist bei Der Deutschen Bibliothek erhältlich.

www.dornier-verlage.de
www.urania-ravensburger.de

Umschlaggestaltung: Behrend & Buchholz, Hamburg
Fotos: Fotostudio Karl, Limburg
Lektorat: Berliner Buchwerkstatt, Ivana Jokl/Vera Olbricht
Innengestaltung: Rainer J. Fischer, Berlin
Satz: City Repro, Berlin
Druck: sachsendruck GmbH
Printed in Germany

Gedruckt auf alterungsbeständigem Papier mit chlorfrei gebleichtem Zellstoff.

Die Schreibweise entspricht den Regeln der neuen Rechtschreibung.

ISBN 3-332-01155-3

03 02 01 00 4 3 2 1

Inhalt

Vorwort

Masken sind einerseits ein Mittel, um der Welt sichtbar zu entfliehen, andererseits eine Möglichkeit, sein wahres Wesen zu zeigen. Beides, das Offenlegen wie auch das Verhüllen dessen, was ist, ist das Ziel jeglichen maskenbildnerischen Schaffens.
Doch nicht nur das Theater vertritt den Anspruch, durch künstlerische Verfremdung das eigentliche Wesen der Figur zu offenbaren. Auch die Narren und Schelme aller Zeiten strebten danach, den Kern der Persönlichkeit zum Ausdruck zu bringen. Dies geschah häufig aus gesellschaftlichen Beweggründen, etwa um im Namen der „Narrenfreiheit" soziale Missstände anzuprangern oder im Schutz der Maskierung Standesunterschiede aufzuheben. Während dem närrischen Faschings- und Karnevalstreiben durch ein päpstliches Dekret schon vor mehr als 1000 Jahren mit der Fastenzeit ein enges zeitliches Korsett angelegt wurde, unterliegt das Maskieren und Verkleiden im Theater solchen Restriktionen nicht.
Mit der Gestalt des Till Eulenspiegel treffen wir auf einen Schelm oder Narren, der auch in anderen Kulturkreisen unter unterschiedlichen Namen bekannt ist. Ein solcher Schelm deckt mit Streichen und Wortwitz den Widerspruch zwischen Schein und Sein in der Welt auf. Narrenfiguren, man denke nur an die Komödien von Shakespeare, haben den Sprung von der „Straße als Bühne" auf die „Bretter, die die Welt bedeuten" geschafft. Till Eulenspiegel erscheint als Held auf von ihm geschaffenen Bühnen, um seine oftmals derben Streiche zu spielen, die Menschen gleich welchen Standes treffen können. Nicht selten setzt er ihnen dabei Hörner auf, lässt ihnen „Bärte wachsen" oder bringt sie, sei es aus Scham oder aus Zorn, zum Erröten. So wird die scheinbar nur äußerliche Veränderung gleichzeitig zum sichtbaren Zeichen innerer Befindlichkeit.
Wählen Sie aus der Vielzahl der dargebotenen Rollen die Ihre aus. Finden Sie für sich heraus, wen oder was, gleich ob eine historische oder eine fantastische Figur, Sie darstellen möchten. Wer die Wahl hat, hat bekanntlich auch die Qual – in diesem Buch unter 50 originellen Masken. Wechseln Sie einfach immer wieder die Masken, die alle in leicht nachvollziehbaren Einzelschritten in Text und Bild vorgestellt werden.

Vorhang auf!

Die bunte Welt der Farben

Ob Sie eine üppige Farbenpracht auf ein Gesicht zaubern oder nur dezent Falten und Schattierungen andeuten möchten – wasserlösliche Schminkfarben eignen sich hervorragend für derartige Verwandlungen. Zudem sind sie genauso leicht zu handhaben wie die allseits bekannten Wasserfarben.

Für das Schminken benötigen Sie eine gut sortierte Auswahl an Grundfarben, Perlglanz-Farben wie Gold, Silber oder Kupfer, außerdem Schwarz und Weiß. Haben Sie auch Filmblut und Modellierwachs für Spezialeffekte sowie Glitzer und Perlglanz-Effekt-Puder für ästhetische Highlights zur Verfügung, wird Ihnen die vollständige Verzauberung Ihrer Modelle gelingen. Schminkschwämmchen, Stoppelschwamm und unterschiedliche Schminkpinsel sind die Werkzeuge des Schminkkünstlers.

Viel Spaß beim Eintauchen in die Welt der wasserlöslichen Schminkfarben!

EULENSPIEGEL
Liquid Make-up
Face-und Body-Painting
EULENSPIEGEL
Profi-Schminkfarben GmbH
Obergasse 7,65589 Hadamar
Tel.:06433-91440
133 ml
FILMBLUT

Schminkutensilien

Zum Grundieren benutzen Sie halbrunde Schminkschwämmchen. Damit können Sie die Farbe randgenau auf die Haut bringen und gegen andere Farben abgrenzen.
Das Schwämmchen wird vor dem Farbauftrag zunächst mit Wasser angefeuchtet. Benutzen Sie dazu am besten einen Wasserzerstäuber, so wird das Schwämmchen nicht zu nass (Bild 1). Mit einem Stoppelschwamm tupfen Sie schwarze Farbe auf, um Bartstoppeln anzudeuten. Wenn Sie Hautabschürfungen darstellen möchten, tragen Sie mit dem rauen Schwamm Filmblut oder rote Farbe auf die gewünschte Stelle auf. Auch Stoppelschwämme werden vor dem Benutzen angefeuchtet (Bild 2). Um besonders dünne Schnörkel oder Lidstriche anzubringen, sind Rundpinsel der Größe 1 empfehlenswert. Rundpinsel der Größe 3 eignen sich für mittelstarke Schnörkel und Konturen. Für starke Konturen und große Schnörkel benutzen Sie am besten Rundpinsel der Größe 8. Flachpinsel der Größe 4 lassen sich hervorragend für längere gerade Linien und zum Ausfüllen kleiner Flächen verwenden. Für größere, sich im Verlauf stark verjüngende Schnörkel und zum Ausmalen größerer Flächen ist ein Katzenzungenpinsel der Größe 8 das richtige Werkzeug. Zum Ausmalen großer Flächen ist ein Flachpinsel der Größe 16 einem Schwämmchen vorzuziehen, wenn sich die Farbränder besonders deutlich und exakt abheben sollen (Bild 3). Neben den angebotenen Farbzusammenstellungen in Paletten gibt es wasserlösliche Schminkfarben auch als

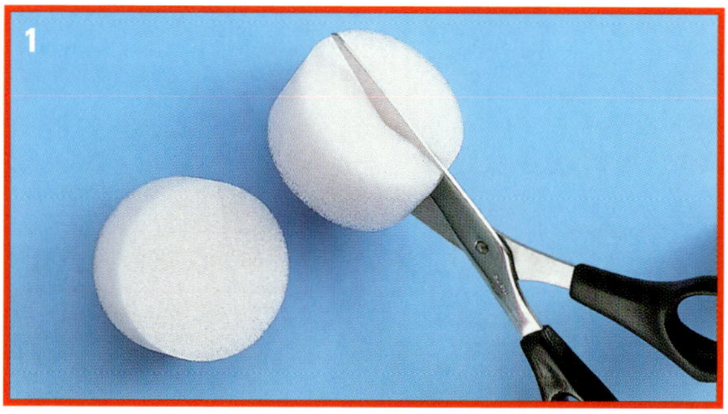

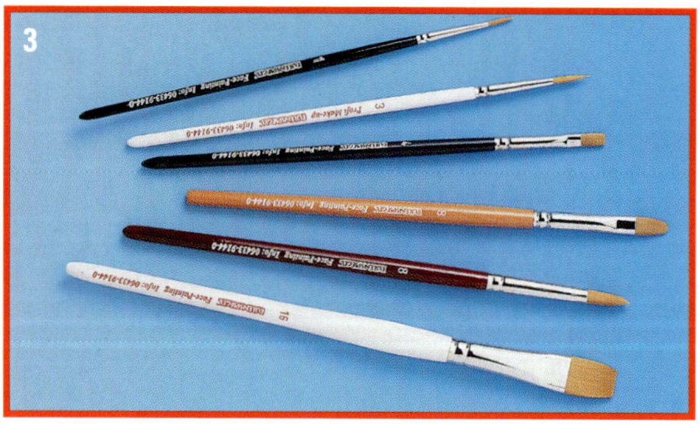

Einzelfarben in verschiedenen Größen. Die Farben werden mit Wasser vermischt auf die Haut aufgetragen (Bild 4).
Für Spezialeffekte gibt es realistisch wirkendes Filmblut (Blutgel), für die plastische Darstellung von Wunden eignet sich hautfarbenes Modellierwachs. Mit Perlglanz-Effekt-Puder setzen Sie auf einfache Weise optische Highlights (Bild 5).
Zum schnellen und einfachen Abdecken des Gesichts oder des übrigen Körpers ist wasserlösliches Clown-Weiß hervorragend geeignet (Bild 6).
Polyester-Glitzer schafft fantastische Effekte auf der Haut und auf geschminkten Hautpartien. Viele Farbtöne stehen zur Auswahl, die Sie ganz nach Belieben als Ergänzung zur wasserlöslichen Schminkfarbe Ton in Ton oder als Kontrast verwenden können. Besonders empfehlenswert ist Juwel-Glitzer mit holographischem Effekt, den es seit neuestem auch im Goldton, als Gold-Juwel-Glitzer, gibt (Bild 7).
Ob Teufelshörner oder Alienohren, ob Hexennase oder Vampirzahne – jede Maske, die Sie mit diesen Latexteilen kreieren, wird die Bewunderung der Betrachter hervorrufen. Das Material haftet mit Mastix-Kleber an der Haut und lässt sich einfach wieder ablösen (Bild 8).
Nicht nur zum Bodypainting, sondern auch um Konturen rascher auftragen zu können, empfiehlt sich Liquid-Make-up, eine flüssige Farbe (Bild 9).

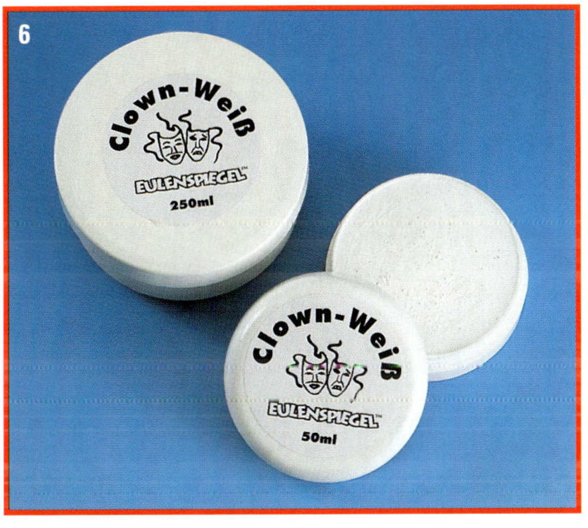

6

8

7

9

Richtiges Grundieren

Die handelsüblichen runden Schminkschwämmchen werden in zwei Hälften geschnitten (siehe Seite 10). Befeuchten Sie das halbrunde Arbeitsschwämmchen zunächst mithilfe eines Wasserzerstäubers von allen Seiten. Zum Aufnehmen der Farbe streichen Sie mit dem Schwämmchen dann so lange in kreisenden Bewegungen über die Farbe im Behälter, bis diese relativ trocken ist und die Farbe „matt" erscheint. Hat das Schwämmchen auf diese Weise genügend Farbe aufgenommen, tupfen Sie die Farbe für die Grundierung auf die Haut. Durch den tupfenden Farbauftrag vermeiden Sie unterschiedliche Farbintensitäten oder hellere und dunklere Streifen, wie sie durch ein wischendes Auftragen der Farbe entstehen können.

Dynamische Linienführung

Konturen und Ornamente der Maske leben vom dynamischen Ausdruck ihrer Linienführung. Dynamische Linien erhalten Sie am sichersten, wenn Sie Ihre Striche und Schnörkel mit lockerem Handgelenk von innen nach außen auftragen. So erhalten Sie auch den gewünschten dünnen und zugleich kräftigen und sicheren Abschluss Ihres Pinselstrichs und verhindern, dass der Farbauftrag am Ende schwächer wird.
Üben Sie diese Technik am besten auf Papier, bevor Sie die Verzierungen in die Maske integrieren. Zeichnen Sie so viele verschiedene Schnörkel, bis Sie sich sicher fühlen.
Vermeiden Sie es, mit steifem Handgelenk und dem ganzen Arm zu arbeiten, dies führt zwangsläufig zu einer gewissen Starrheit der Pinselstriche.

Fantastischer Glitzer

Fantasievolle Schminkgesichter und Masken erhalten einen magischen Glanz, wenn Sie zusätzlich Streuglitzer verwenden. Sie können ihn entweder mit den Fingern über die zuvor aufgetragene Farbe streuen oder mit dem noch mit Farbe angefeuchteten Pinsel anbringen. Letzteres Verfahren eignet sich besonders dann, wenn Sie mit grobem Juwel-Glitzer oder Gold-Juwel-Glitzer großflächige Highlights setzen möchten. Streuglitzer hat gegenüber Glitzer-Gel einige Vorteile. Zum einen kann er einfacher und schneller über die gesamte Maske verteilt werden, zum anderen können Sie eine Fläche auch vollständig damit abdecken. Eine solche Abdeckung ist mit Glitzer-Gel nicht möglich, weil der Gelmasse dafür ein zu geringer Anteil an Glitzerpartikeln beigemischt ist.

Wichtig: Verwenden Sie ausschließlich Glitzer aus Polyester, niemals Metall-, Glas- oder Acryl-Glitzer, da diese Materialien Verletzungen verursachen. Um Reizungen der Augen zu vermeiden, sollten Sie beim Auftragen von Glitzer stets darauf achten, dass die Augen des Modells geschlossen sind.

Mischen schafft Vielfalt

Je nach gewünschtem Ergebnis können Sie drei Mischtechniken wählen:

1. Schattieren oder Vollton?
Die einfachste Form dieser Technik hat, vor allem beim Grundieren, einen farblichen Übergang vom dezenten Andeuten bis zum Vollton derselben Farbe zum Ziel.
Dieses Vorhaben gelingt mit wasserlöslichen Schminkfarben – im Gegensatz zur Fettschminke, die früher oft verwendet wurde – außerordentlich gut. Verdünnen Sie die Farbe etwas stärker mit Wasser und stellen Sie so eine schwächere Nuance des Farbtons her. Eine andere Möglichkeit ist, die Farbe mit einem Schwämmchen ganz dünn und gut verteilt aufzutupfen und sie anschließend mit einem sauberen, fast trockenen Schwämmchen zu verteilen.
Heute gehen viele Schminkkünstler dazu über, die dezente Andeutung einer Farbe mit trocken aufgetragenem Perlglanz-Effekt-Puder im selben Farbton zu realisieren.
Der Puder eignet sich außerordentlich gut für Farbübergänge, da er sowohl staubtrocken als auch mit Wasser angerührt aufgetragen werden kann. Trocken hinterlässt er einen seidenen Glanz, feucht mit Pinsel oder Schwämmchen aufgebracht, steht er der Volltonfarbe in der Intensität nicht nach.

2. Hell oder dunkel?
Auch die zweite Technik, das Heller- oder Dunklermischen einer Farbe, ist mit wasserlöslichen Schminkfarben sehr leicht zu bewerkstelligen. In der Regel verwendet man zum Aufhellen einer Farbe Weiß und zum Abdunkeln Schwarz.

Achtung: Mischen Sie Rot und Weiß, erhalten Sie Rosa, kein helles Rot. Werden Schwarz und Weiß gemischt, entsteht als neue Farbe – je nach Mischungsverhältnis – ein heller oder dunkler Grauton.

3. Rot, Gelb oder doch Orange?
Grundsätzlich können Sie aus den Grundfarben – Rot, Blau, Gelb – und Schwarz und Weiß beliebig viele Farben und Farbnuancen mischen.

Der Farbkreis mit den drei Grundfarben bildet die Grundlage für das Mischen von wasserlöslichen Schminkfarben. Die Zahl der Farbtöne, die Sie durch Mischungen erreichen können, ist unbegrenzt.

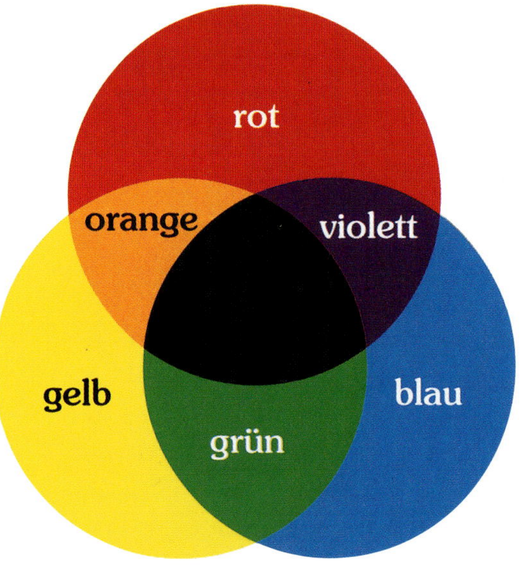

Tipps und Tricks:

1. Um den Kopf des Modells beim Schminken ruhig zu halten und in die jeweils geeignete Position zu führen, legen Sie Ihre linke Hand – bei Linkshändern die rechte – oberhalb der Stirn auf. Auf diese Weise können Sie sich abstützen und gleichzeitig die Haare des Modells vom Gesicht fernhalten.

2. Sollte dennoch während des Schminkens eine Haarsträhne des Modells in die noch feuchte Schminke fallen, so entfernen Sie diese nicht mit den Fingern, sondern mit dem Pinselstiel vorsichtig aus der Maske. Auf keinen Fall sollten Sie die Haare seitlich hervorziehen, da die Schminke sonst verschmieren kann.

3. Weisen Sie Ihr Modell darauf hin, dass es etwa fünf Minuten dauert, bis die Schminke durchgetrocknet ist. Vorher sollte die Maske nicht berührt werden.

4. Tragen Sie immer zuerst mit einem feuchten Schwämmchen die Grundierung auf. Beachten Sie dabei, dass Sie beim Auftupfen der Farbe einen deckenden Effekt und bei einem wischenden Farbauftrag einen eher transparenten – leider oft auch streifigen – Effekt erzielen.

5. Wenn Sie ein Vermischen der auf die Haut aufgetragenen Farben verhindern wollen, tragen Sie die hellere Farbe immer zuerst auf. Lassen Sie diese trocknen und legen Sie erst dann den dunkleren Farbton auf.

6. Verwenden Sie ausschließlich unparfümierte, wasserlösliche Schminkfarben, die anschließend mit Wasser und Seife entfernt werden können. Eine Vorbehandlung der Haut, z. B. durch Eincremen, ist nicht notwendig, da wasserlösliche Schminkfarben ohne Hilfsmittel exzellent auf der Haut haften.

7. Es ist vorteilhaft, Farben in einem eigens dafür bestimmten sauberen Gefäß zu mischen und nicht eine Farbe in der anderen. So bleiben beide Farben rein und das Mischungsverhältnis verändert sich nicht zugunsten der Trägerfarbe.

8. Farben wirken auf der Haut wegen des dunkleren Untergrunds anders als auf weißem Papier. Testen Sie daher Farbmischungen zuerst auf dem Handrücken aus, bevor Sie mit dem Schminken einer Maske beginnen.

9. Dermatographen eignen sich sehr gut zum Umranden der Lippen und zum Verändern der Lippenform. Die Linien lassen sich mit Vaseline leicht entfernen.

10. Wenn Sie als Grundierung Perlglanz-Puder in der gewünschten Farbe hauchdünn mit einem trockenen Schwämmchen auftragen, erhalten Sie einen feinen Schimmer auf der fertigen Maske.

11. Um die Farben der geschminkten Maske noch intensiver erscheinen zu lassen, können Sie farblich passenden Glitzer benutzen. Mit diesem können Sie auch besondere Aspekte einer Maske betonen. Gestalten Sie ein Gesicht z. B. mit einer Insel und Palmen, heben Sie die aufgemalten Palmen mit grünem oder das Meeresblau mit türkisfarbenem Glitzer hervor.

12. Arbeiten Sie mit wasserlöslichem Modellierwachs, befeuchten Sie die Finger zunächst mit Wasser, bei fettlöslichem Modellierwachs mit Vaseline. So vermeiden Sie, dass das Material an Ihrer Haut kleben bleibt.

13. Zum Vortäuschen von Zahnlücken verwenden Sie am besten schwarzes Zahnwachs. Es ist geschmacksneutral und lässt sich einfach entfernen.

14. Achten Sie auf die Sauberkeit Ihrer Schminkutensilien und Ihres Schminktisches. Wechseln Sie das Pinselwasser häufig, damit es die Reinheit der Farben nicht beeinträchtigt. Wasserlösliche Schminkfarben sollten nach jedem Einsatz mit einem Papiertuch trocken gewischt und dann verschlossen werden. Schwämmchen und Pinsel werden sorgfältig mit heißem Wasser gereinigt. Bewahren Sie alle Schminkmaterialien und Werkzeuge an einem trockenen Ort auf.

Motive, Motive, Motive

Bunt wie die Palette der Farben, teilweise verführerisch glitzernd und glänzend oder symmetrisch genau und geradlinig, so präsentieren sich auch die Masken dieses Buches.

Lassen Sie sich gleichermaßen von der Vielfalt der populären närrischen Figuren wie auch von den klassischen Charakteren des Theaters faszinieren.

Neue, überraschende Interpretationen von tradierten Masken, die leicht nachvollziehbar Schritt für Schritt in Text und Bild dargestellt werden, machen dieses Buch zu einem „Augenschmaus" der Fantasie.

Geschmackvolle Farbarrangements wechseln ab mit überraschenden Effekten, die verzaubern und zugleich herausfordern zum Mitmachen und Nachahmen.

Inszenieren Sie Ihre eigene Bühne und setzen Sie aus der Vielzahl der Motive die Ihnen passende Maske auf.

Helau und Alaaf!

Gewaltig ist die Sprache, die aus der Bütt ertönt, und bevor der erste Laut „dem Gehege der Zähne entflieht", zeigt die Mimik und Maske, wohin der Wortschwall uns führt.

Nichts wird dem Zufall überlassen, alles dient dem eindeutigen Ausdruck. Es scheint, als sei das geschminkte Gesicht des Büttenredners der Zünder für ein Sprach-Feuerwerk der besonderen Art, das mit tosenden Worten den Horizont der Zuhörer erhellt.

„Wollen wir ihn 'reinlasse?"

Till Eulenspiegel

Material:
Modellierwachs, Schminkschwämmchen, wasserlösliche Schminkfarben in Beige, Schwarz und Königsrot, schwarzer Dermatograph, Rundpinsel Größe 3

1. Um die echten Augenbrauen zu überdecken, tragen Sie, entgegen der Wuchsrichtung, Modellierwachs auf. Streichen Sie die Brauen anschließend in Wuchsrichtung glatt.

2. Grundieren Sie das gesamte Gesicht mit dem Schminkschwämmchen in Beige und ziehen Sie mit dem schwarzen Dermatographen einen unteren Lidstrich.

3. Befeuchten Sie das Schwämmchen nur ganz leicht mit Wasser, sodass es noch fast trocken ist, und tragen Sie damit eine dünne rote Farbschicht auf Wangen und Nase auf. Mit einem gut befeuchteten Pinsel malen Sie anschließend rote Farbe auf die Lippen. Zuletzt zeichnen Sie mit dem Pinsel in Schwarz halbrunde, übertrieben große Augenbrauen auf die Stirn und riesige Wimpern unter die Augen.

Material:
Schminkschwämmchen, wasserlösliche Schminkfarben in Beige, Grau, Weinrot und Schwarz, Rundpinsel Größe 2, Stoppelschwamm, schwarzes Zahnwachs

1. Grundieren Sie das ganze Gesicht mit dem Schminkschwämmchen in Beige.

2. Setzen Sie mit grauer Farbe Schatten unter die Augen, auf die Stirn und die äußeren Wangenknochen.

3. Umranden Sie die Augen mit dem Pinsel in Weinrot und zeichnen Sie dünne schwarze Falten auf die Stirn, die Nasen- und Mundpartie und um die Augen. Ebenfalls in Schwarz ziehen Sie eine dünne Linie für die Wunde auf eine Wange, die Sie anschließend teilweise mit Weinrot überschminken. Tragen Sie mit der Pinselspitze zwei Blutstropfen unterhalb der Wunde auf. Zuletzt tupfen Sie mit dem Stoppelschwamm Bartstoppeln auf und färben mit Zahnwachs die Zähne stellenweise schwarz ein.

Material:
Schminkschwämmchen, wasserlösliche Schminkfarben in Gelb, Grau, Hellrot und Schwarz, Modellierwachs, Modellierspatel, Stoppelschwamm, Rundpinsel Größe 3

1. Um ein „Blaues Auge" zu schminken, tragen Sie um das Auge bis zur Schläfe mit einem fast trockenen Schwämmchen nacheinander die Farben Gelb, Grau und Rot auf.

Tipp:
Sie können als Farbkombination für ein „Blaues Auge" auch die Mischung Lila und Grün ausprobieren.

2. Platzieren Sie das Modellierwachs an einer beliebigen Stelle des Gesichts, z. B. auf der Wange. Schneiden Sie die „Wunde" mit dem Modellierspatel mittig auf und glätten Sie die Übergänge zur Haut mit dem feuchten Finger.

3. Tragen Sie, um die Schürfwunde an der Stirn wirklichkeitsgetreu erscheinen zu lassen, das Modellierwachs an dieser Stelle nur dünn auf. Anschließend tupfen Sie mit dem Stoppelschwamm schwarze Farbe über die gesamte Stelle.

4. Geben Sie Filmblut in die „Schnittwunde" und tupfen Sie mit dem Stoppelschwamm rote Farbe oder Filmblut auf die Schürfwunde.

Tipp:
Tupfen Sie mit dem Stoppelschwamm etwas schwarze Farbe auf die Schürfwunde, um kleine Steinchen oder Sand in der Wunde anzudeuten.

Kraftprotz

1

Material:
Schminkschwämmchen, wasserlösliche Schminkfarben in Perlglanz-Kupfer, Braun, Schwarz und Weiß, Rundpinsel Größe 1, Rundpinsel Größe 3, Juwel-Glitzer (grob)

1. Grundieren Sie das Gesicht mit dem Schwämmchen dünn in Perlglanz-Kupfer.

2. Ziehen Sie die natürlichen Fältchen auf der Stirn und in den Augenwinkeln mit dem dünnen Pinsel in Braun nach. Mit dem dickeren Pinsel tragen Sie in Schwarz einen Oberlippen- und einen Kinnbart auf.

3. Fahren Sie mit dem dickeren Pinsel, ebenfalls mit schwarzer Farbe, die Augenbrauen nach und malen Sie eine Hantel auf die Wange. Schreiben Sie in Weiß eine Kilozahl auf die Gewichtskugeln. Streuen Sie anschließend eine dünne Schicht Juwel-Glitzer über die obere Gesichtshälfte und die Hanteln.

Tipp: Besonders wirkungsvoll ist es, wenn Sie reichlich Juwel-Glitzer als „Schweißperlen" auf die schwarz bemalten Fältchen geben.

2

3

Material:
Schminkschwämmchen, Perlglanz-Effekt-Puder in Silber und Rot, Rundpinsel Größe 3, wasserlösliche Schminkfarben in Königsrot und Schwarz, Juwel-Glitzer (grob)

1. Mit dem Schminkschwämmchen und silbernem Perlglanz-Effekt-Puder schattieren Sie zunächst Teile der Stirn, der Wangen und des Kinns. Anschließend setzen Sie mit rotem Perlglanz-Effekt-Puder mehrere Highlights auf das Silber.

2. Tragen Sie mit dem Pinsel in schwarzer Farbe die Kartensymbole Kreuz und Pik ein.

3. In Rot zeichnen Sie die Symbole Herz und Karo und färben die Lippen. Zum Schluss bringen Sie mit dem Pinsel Juwel-Glitzer auf diejenigen Teile der Maske auf, die Sie besonders hervorheben möchten.

1

2

3

Rio-Schönheit

Material:
Schminkschwämmchen, wasserlösliche Schminkfarben in Perlglanz-Gold, Fuchsiapink oder Perlglanz-Pink, Perlglanz-Blau und Schwarz, Rundpinsel Größe 4, Glitzer in Pink und Saphirblau, Juwel-Glitzer (grob)

1. Grundieren Sie mit dem Schwämmchen Gesicht und Hals in Perlglanz-Gold.

2. Bringen Sie mit dem Pinsel die Ornamente und Schnörkel in Fuchsiapink oder wahlweise in Perlglanz-Pink auf.

3. Fügen Sie an die pinkfarbenen Schnörkel Verzierungen in Perlglanz-Blau an.

4. Konturieren Sie alle Ornamente und Schnörkel mit schwarzer Farbe und bemalen Sie die Lippen in Perlglanz-Blau. Geben Sie pinkfarbenen Glitzer auf die pinkfarbene Schminke und saphirblauen Glitzer auf die perlglanz-blauen Untergründe. Tragen Sie zuletzt mit dem Pinsel Juwel-Glitzer als Highlight auf die Stellen auf, die Sie besonders akzentuieren möchten.

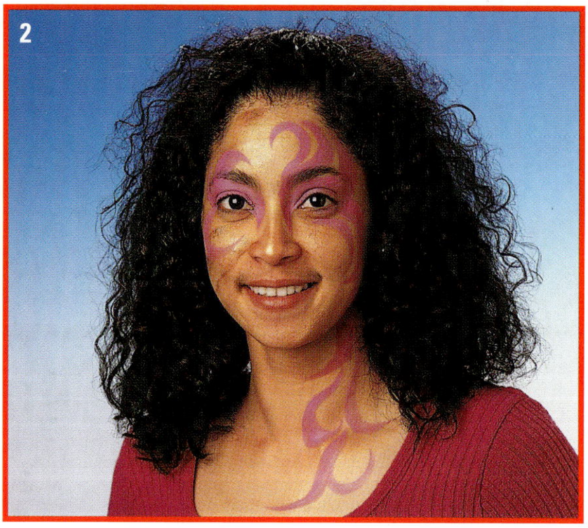

Lustige Witwe

Material:
Schminkschwämmchen, wasserlösliche Schminkfarben in Hautfarbe, Perlglanz-Pink, Braun, Perlglanz-Blau, Perlglanz-Silber, Königsrot und Grau, Glitzer in Himmelblau, Perlmutt und Königsrot, Pinsel Größe 3

1. Grundieren Sie das Gesicht mit dem Schminkschwämmchen hautfarben. Heben Sie Wangen und Nasenrücken leicht mit Perlglanz-Pink hervor. Vor allem auf den Wangen sollten Sie das Pink etwas kräftiger auftragen, um sie in „Apfelbäckchen" zu verwandeln.

2. Um das reifere Alter sichtbar zu machen, setzen Sie mit dem Schwämmchen in Braun leichte Schatten unter die Augen und zeichnen, ebenfalls mit brauner Farbe, mit dem Pinsel Falten auf die Stirn und in die Augenwinkel.

3. Tragen Sie mit dem Pinsel Lidschatten in Perlglanz-Blau und Perlglanz-Silber auf. Geben Sie himmelblauen Glitzer auf die blauen Schattierungen und Glitzer in Perlmutt auf die silber eingefärbten Stellen. Versehen Sie die Lippen mit königsroter Farbe und gleichfarbigem Glitzer. Abschließend streuen Sie perlmuttfarbenen Glitzer über die gesamte Maske.

4. Bringen Sie mit dem Schwämmchen etwas graue Farbe auf die Haare auf.

Material:
Schminkschwämmchen, wasserlösliche Schminkfarben in Perlglanz-Kupfer und Schwarz, Rundpinsel Größe 5, Juwel-Glitzer (mittel)

Variante:
Puderpinsel, Texas Dirt Powder, wasserlösliche Schminkfarbe in Schwarz, Rundpinsel Größe 5, Juwel-Glitzer (mittel)

1. Bevor Sie mit dem Schminken beginnen, sollten Sie sich für eine der beiden möglichen Grundierungsarten entscheiden. Hier wurde mit dem Schwämmchen wasserlösliche Schminkfarbe in Perlglanz-Kupfer als Grundierung aufgetragen. Alternativ können Sie bei dieser Maske das Gesicht auch mit dem Puderpinsel und Texas Dirt Powder abdecken.

2. Zeichnen Sie mit dem Pinsel den schwarzen Bart um den Mund.

3. Vervollständigen Sie die Maske, indem Sie die Augenbrauen mit dem Pinsel schwarz anmalen und die Koteletten, ebenfalls in Schwarz, verlängern. Streuen Sie zum Schluss etwas Juwel-Glitzer über Ihre Maske.

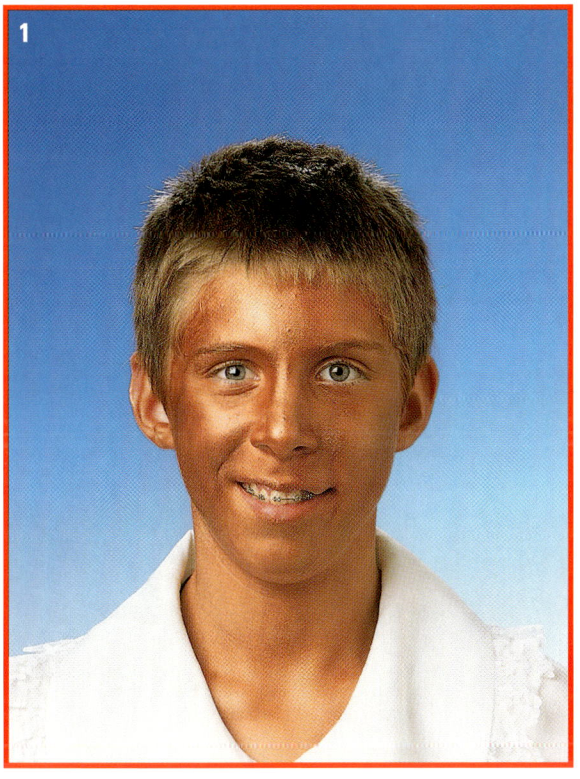

Material:
Schminkschwämmchen, wasserlösliche Schminkfarben in Perlglanz-Kupfer, Schwarz, Hellrot und Weinrot, Rundpinsel Größe 3, Stoppelschwamm

1. Mit dem Schwämmchen grundieren Sie das ganze Gesicht in Perlglanz-Kupfer.

2. Bringen Sie mit dem Schwämmchen die Augenklappe in Schwarz auf. Mit dem Pinsel werden die Augenbrauen nachgezeichnet sowie das Band der Augenklappe hinzugefügt.

3. Den Bartstoppel-Effekt erzielen Sie durch das Auftupfen schwarzer Farbe mit dem Stoppelschwamm. Tragen Sie mit dem Pinsel den schwarzen Oberlippen- und Kinnbart auf. Die Wunde auf der Wange zeichnen Sie zuerst in Schwarz auf und vollenden sie anschließend mit Hellrot und Weinrot.

Tipp:
Hier wurde kein Glitzer verwendet, um den Perlglanz-Effekt der wasserlöslichen Kupferfarbe vorzuführen.

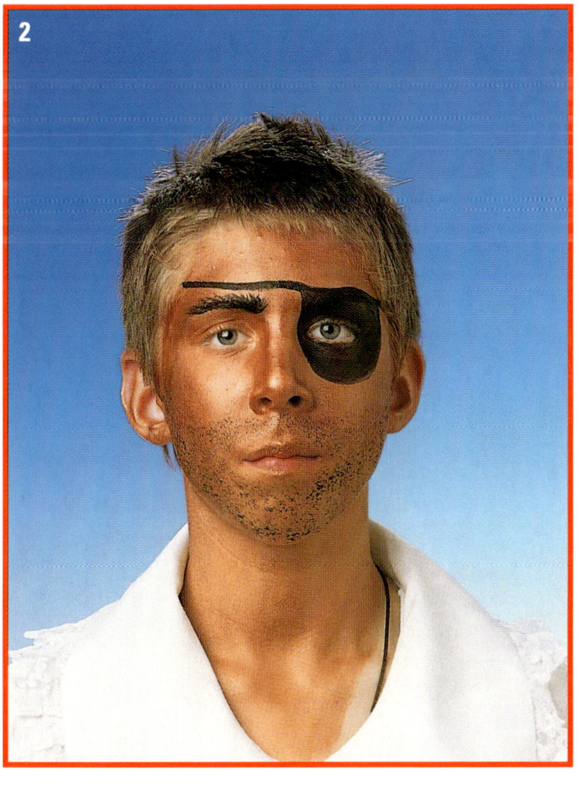

Venezianische Maske

Material:
Wasserlösliche Schminkfarben in Weiß, Perlglanz-Kupfer und Perlglanz-Gold, Katzenzungenpinsel Größe 8, Katzenzungenpinsel Größe 4, Rundpinsel Größe 3, Juwel-Glitzer (mittel)

1. Tragen Sie die Maske mit dem großen Katzenzungenpinsel in Weiß auf.

2. Bemalen Sie die Lippen mit dem kleinen Katzenzungenpinsel in Perlglanz-Kupfer und setzen Sie auf die Farbe einige Akzente in Perlglanz-Gold. Verzieren Sie die weiße Grundierung mit Schnörkeln in Perlglanz-Gold und Perlglanz-Kupfer.

3. Setzen Sie mit dem Rundpinsel nur teilweise schwarze Konturen. Verteilen Sie dezent etwas Juwel-Glitzer auf die Maske.

1

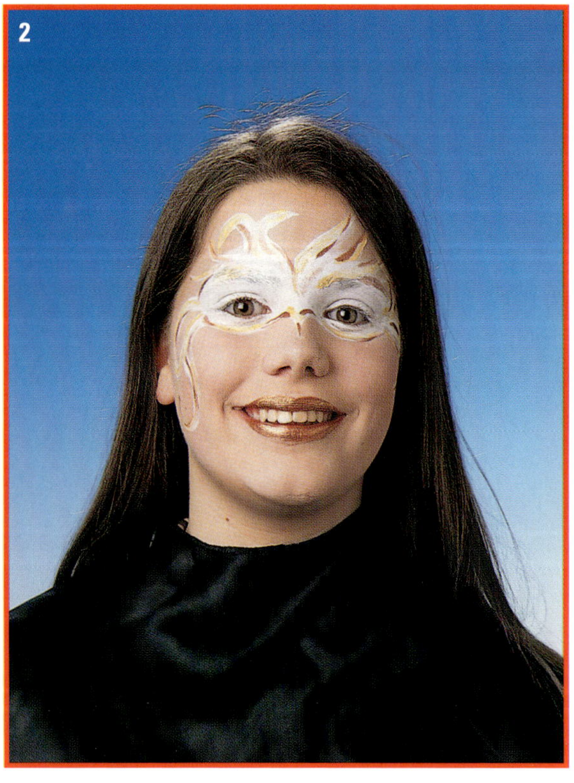

2

3

Es ist ein faszinierendes Erlebnis, in eine andere Haut zu schlüpfen und die Mimik des Alltages, sei sie lustig oder traurig, locker oder ernst, gegen die Traumbilder des Theaters einzutauschen. Es ist nicht allein das Außergewöhnliche der Maske und der Grad der Verfremdung, deren Wirkung uns ergreift, sondern weitaus mehr der Facettenreichtum der Rolle, die zum Leben erweckt wird.

Unsere Fantasie ist die Kraft, die Kleopatra Leben einhaucht und uns entführt in die mystische Welt der Zauberer, Waldfeen und geheimnisvollen Gestalten der Nacht.

Folgen Sie dem fiktiven Spiel, machen Sie die Welt zur Bühne, auf der Sie der Hauptakteur sind. Bühne frei! Vorhang auf!

Kleopatra

Material:
Schminkschwämmchen, wasserlösliche Schminkfarben in Perlglanz-Kupfer, Perlglanz-Gold, Perlglanz-Türkis und Schwarz, Katzenzungenpinsel Größe 4, schwarzer Dermatograph, Juwel-Glitzer (mittel), Glitzer in Türkis

1. Grundieren Sie das Gesicht mit dem Schwämmchen dünn in Perlglanz-Kupfer.

2. Als zusätzliche Grundierung schraffieren Sie das Gesicht in Perlglanz-Gold. In derselben Farbe zeichnen Sie mit dem Pinsel die Lippen kräftig nach und legen einen leichten Lidschatten auf. Tragen Sie anschließend auf die Augenlider noch eine dünne Farbschicht in Perlglanz-Türkis auf und schminken Sie die Augenbrauen mit dem Dermatographen schwarz.

Tipp:
Auch Perlglanz-Effekt-Puder in Türkis eignet sich hervorragend als Lidschatten!

3. Mit dem Pinsel verzieren Sie Ihre Maske mit schwarzen Ornamenten auf der Stirn und unter den Augen. Umranden Sie die Augen und die goldgefärbten Lippen in Schwarz. Zuletzt streuen Sie auf die Lippen Juwel-Glitzer oder alternativ Glitzer in Classicgold und auf die Augenlider Glitzer in Türkis.

Tipp:
Verschönern Sie die Maske durch großzügiges Aufstreuen von Perlmutt-Glitzer.

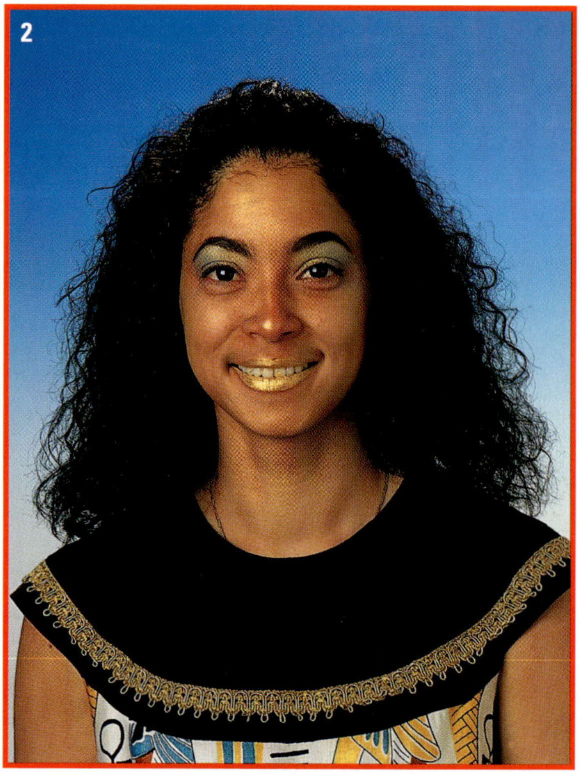

Batface

Material:
Schminkschwämmchen, wasserlösliche Schminkfarben in Himmelblau, Schwarz und Gelb, Rundpinsel Größe 3, Flachpinsel Größe 16, Juwel-Glitzer (mittel), Glitzer in Königsblau

1. Grundieren Sie das ganze Gesicht mit dem Schminkschwämmchen in Himmelblau.

2. Tragen Sie die Konturen der Fledermaus mit dem Rundpinsel in Schwarz auf und malen Sie die ganze Figur mit dem großen Flachpinsel aus.

3. Den Mond, die Augen der Fledermaus und das schimmernde Mondlicht auf den Flügeln bringen Sie mit dem Rundpinsel in Gelb an. Zeichnen Sie zwei Striche in Himmelblau auf die beiden mittleren Fledermausflügel. Verzieren Sie die ganze Maske mit Juwel-Glitzer und Glitzer in Königsblau.

Wie aus dem Nichts und sehr wohl bei Nacht haben Katzen in allen Größen und Farben auf leisen Samtpfoten die Theaterbühnen erobert. Auf der ganzen Welt sangen und tanzten sich die schnurrenden und fauchenden Vierbeiner in die Herzen des begeisterten Publikums. Die Vielfalt der katzenartigen Masken und Ausdrucksformen versetzt die Betrachter immer aufs Neue in Erstaunen.

Werden auch Sie Beute dieser legendären Mäusefänger und lassen Sie sich faszinieren von anschmiegsamen Schmusekätzchen und raubtierartigen Katzenmasken.

Cats I

Material:
Schminkschwämmchen, wasserlösliche Schminkfarben in Weiß, Braun und Rostbraun, Gold-Juwel-Glitzer (grob), Rundpinsel Größe 3

1. Legen Sie die Mund- und Augenpartie mit dem Schminkschwämmchen großzügig in Weiß an.

2. Die übrigen Gesichtspartien grundieren Sie mit brauner und rostbrauner Farbe.

3. Umranden Sie die Augen mit dem Pinsel und schwarzer Farbe. Ebenfalls in Schwarz setzen Sie einen Rahmen um die Augenpartie und bemalen die Nasenspitze und die Lippen. Zeichnen Sie Schnurrhaare und deuten Sie auf dem Kinn und auf der Stirn Fellhaare an. Fügen Sie weiße Schnurr- und Fellhaare hinzu. Tragen Sie mit dem Pinsel reichlich Gold-Juwel-Glitzer auf die braunen Bereiche der Maske auf.

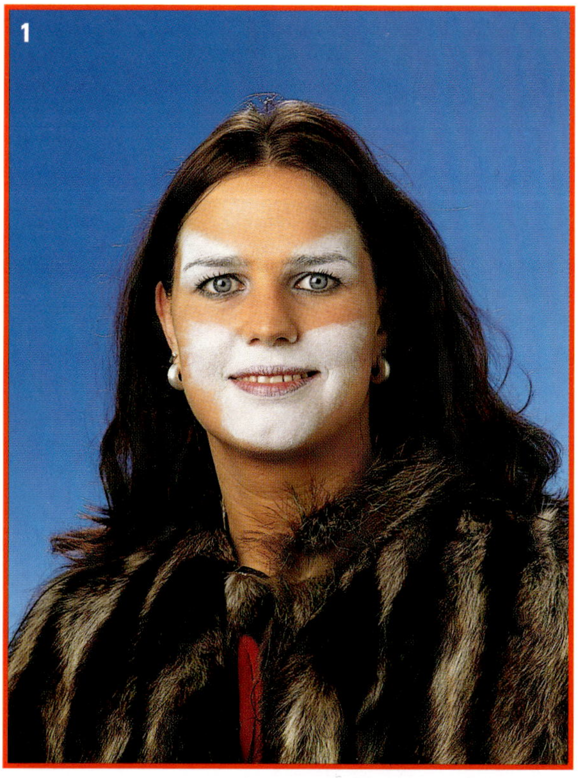

Material:
Schminkschwämmchen, wasserlösliche Schminkfarben in Weiß, Perlglanz-Gelb, Perlglanz-Kupfer, Fuchsiapink und Schwarz, Juwel-Glitzer (grob), Glitzer in Goldenorange, Rundpinsel Größe 3

1. Grundieren Sie mit dem Schwämmchen die Mundpartie und den Bereich über den Augen in Weiß.

2. Auf die noch freien Gesichtsflächen tragen Sie, ebenfalls mit dem Schwämmchen, Perlglanz-Gelb und Perlglanz-Kupfer auf.

3. Mit dem Pinsel betonen Sie die Lippen und die Nasenspitze in Fuchsiapink. Ihren charakteristischen Ausdruck geben Sie der Maske durch das Aufmalen schwarzer Schnurrhaare mit dem Pinsel und das Umrahmen der Augenpartie. Die Fellhaare legen Sie in schwarzen und weißen Strichen auf dem Kinn und auf der Stirn an. Setzen Sie kleine schwarze Punkte unter die Nase. Zuletzt bringen Sie mit dem Pinsel reichlich groben Juwel-Glitzer und Glitzer in Goldenorange auf das Kinn, die Wangen und die Stirn auf.

1

2

3

Diva

Material:
Modellierwachs, Schminkschwämmchen, wasserlösliche Schminkfarben in Hautfarbe, Schwarz, Perlglanz-Silber, Perlglanz-Pink, Perlglanz-Lila und Fuchsiapink, Rundpinsel Größe 3, Juwel-Glitzer (grob), Glitzer in Pink, Perlmutt-Glitzer (irisierend), falsche Wimpern

1. Überdecken Sie die Augenbrauen mit Modellierwachs. Grundieren Sie das ganze Gesicht mit dem Schwämmchen in Hautfarbe.

2. Setzen Sie mit dem Pinsel kräftige, gebogene Augenbrauen in Schwarz auf die Stirn. Geben Sie mit dem Schwämmchen einen Hauch Perlglanz-Silber – in Form von wasserlöslicher Schminkfarbe oder Perlglanz-Effekt-Puder – auf das Gesicht und heben Sie die Wangen mit Pink hervor.

3. Bringen Sie mit dem Pinsel kräftigen Lidschatten in Perlglanz-Pink und Perlglanz-Lila über den Augen auf. Auch hier können Sie statt der wasserlöslichen Farbe sehr gut das farbliche Pendant in Perlglanz-Effekt-Puder einsetzen. Schminken Sie die Lippen wahlweise in Fuchsiapink oder in Perlglanz-Pink. Um die Maske zu vollenden, tragen Sie mit dem Pinsel pinkfarbenen Glitzer auf die in gleicher Farbe geschminkten Stellen und Juwel-Glitzer auf die Augenbrauen auf. Streuen Sie Perlmutt-Glitzer über die ganze Maske.

4. Falsche Wimpern sind ein „Muss" bei dieser Maske. Dekorativ wirkt eine bunte Feder im Stil der Zwanzigerjahre.

1

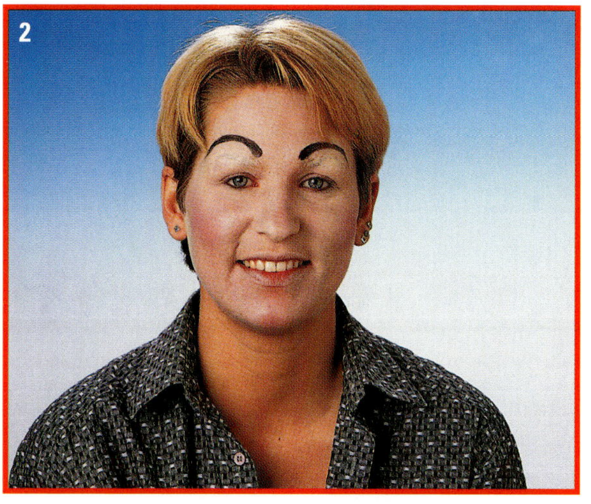
2

3

4

1

2

3

Material:
Schminkschwämmchen, wasserlösliche Schminkfarben in Hautfarbe, Beige, Hellpink, Perlglanz-Blau, Schwarz, Perlglanz-Silber und Weinrot, Juwel-Glitzer (mittel), Katzenzungenpinsel Größe 4, schwarzer Dermatograph, Stoppelschwamm

Tipp:
Es erhöht den Reiz der Maske, wenn Sie die eine oder andere wasserlösliche Farbe durch Perlglanz-Effekt-Puder ersetzen.

1. Grundieren Sie mit dem Schwämmchen die eine Hälfte des Gesichts hautfarben, die andere in Beige.

2. Schattieren Sie die Wange der hautfarbenen Gesichtshälfte mit dem Schwämmchen in Hellpink und das Augenlid in Perlglanz-Blau. Schraffieren Sie die Schläfe und den Wangenschatten der anderen Seite hauchdünn mit schwarzer Farbe.

3. Gesichtshälfte „Dame“: Legen Sie oberhalb des perlglanzblauen Lidschattens bis zur Augenbraue Perlglanz-Silber auf. Ziehen Sie die Augenbraue mit dem Pinsel dünn in Schwarz nach und zeichnen Sie mit dem Dermatographen einen schwarzen unteren Lidstrich. Bemalen Sie die „weibliche“ Lippenhälfte mit dem Pinsel kräftig in Weinrot. Bringen Sie falsche Wimpern am Oberlid an und streuen Sie behutsam etwas Juwel-Glitzer auf die gesamte Gesichtshälfte.
Gesichtshälfte „Herr“: Malen Sie mit dem Pinsel einen schwarzen Oberlippenbart und tupfen Sie mit dem Stoppelschwamm schwarze Bartstoppeln auf das Kinn auf. Betonen Sie die Augenbrauen in Schwarz, um dieser Gesichtshälfte einen strengeren Ausdruck zu verleihen.

Tipp:
Eine ins Gesicht fallende Haarlocke und ein ausdrucksstarker Ohrring machen die weibliche Gesichtshälfte noch attraktiver.

Kabuki

Material:
Schminkschwämmchen, wasserlösliche Schminkfarben in Weiß, Hellrot und Schwarz, Rundpinsel Größe 1, Rundpinsel Größe 3, Juwel-Glitzer (grob), Glitzer in Königsrot

1. Grundieren Sie das ganze Gesicht mit dem Schwämmchen kräftig in Weiß.

2. Tragen Sie mit dem dickeren Pinsel in Hellrot das typische Kabuki-Muster um die Augen und auf die Nase auf.

3. Setzen Sie mit dem Pinsel schwarze Rahmen um die Augen und ziehen Sie diese weit nach außen. Zeichnen Sie die Augenbrauen dick in Schwarz und lassen Sie sie nach oben spitz zulaufen. Ziehen Sie die Falten zwischen Nase und Mundwinkel mit dem dünnen Pinsel in Schwarz nach. Ebenfalls mit schwarzer Farbe bemalen Sie die Lippen, wobei der mittlere Bereich der Unterlippe ausgespart bleibt. Streuen Sie zuletzt Juwel-Glitzer und Glitzer in Königsrot über die Maske.

1

2

3

Material:
Schminkschwämmchen, wasserlösliche Schminkfarben in Beige, Weiß, Grau, Weinrot und Schwarz, Perlglanz-Effekt-Puder in Silber, Rundpinsel Größe 3, Perlmutt-Glitzer (irisierend)

1. Grundieren Sie eine Gesichtshälfte mit dem Schwämmchen in Beige. Legen Sie die weiße Maske gut deckend über die andere Hälfte des Gesichts und den größeren Teil der Stirn. Für einen stärkeren Glanzeffekt tupfen Sie mit dem Pinsel Perlglanz-Effekt-Puder in Silber auf die weiße Grundierung.

2. Setzen Sie auf der beigefarbenen Gesichtshälfte mit dem Schwämmchen einen Schatten in Grau und Weinrot unter das Auge. Mit dem Pinsel zeichnen Sie zarte schwarze Fältchen im Augen-, Nasen- und Mundbereich.

3. Schattieren Sie die weiße Maske mit dem Schwämmchen in Grau und streuen Sie Perlmutt-Glitzer darüber.

Königin der Nacht

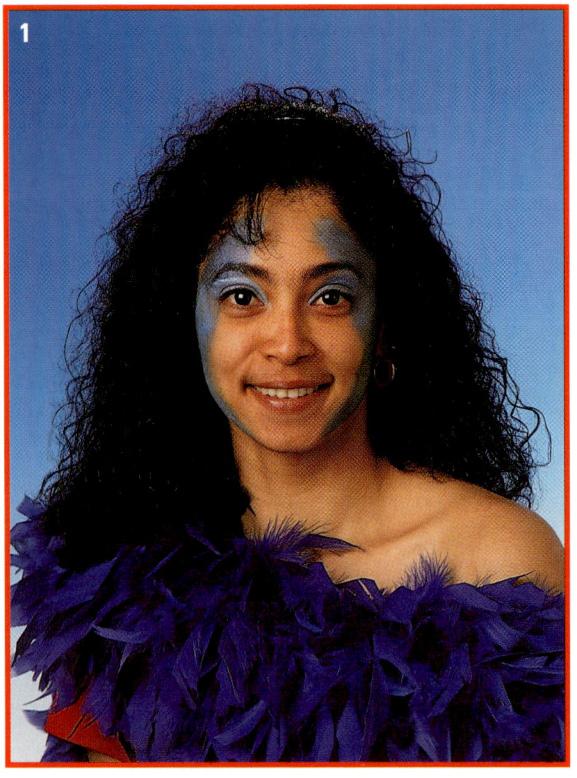

Material:
Schminkschwämmchen, wasserlösliche Schminkfarben in Perlglanz-Blau, Schwarz, Türkis und Weiß, Rundpinsel Größe 3, Glitzer in Türkis, Juwel-Glitzer (grob)

1. Legen Sie auf beiden Gesichtshälften die Form des Motivs mit dem Schwämmchen in Perlglanz-Blau an.

2. Umrahmen Sie die Augen mit dem Pinsel in Schwarz und ziehen Sie den Lidstrich weit nach außen. Zeichnen Sie die schwarzen Augenbrauen nach oben spitz zulaufend.

3. Tragen Sie geschwungene und halbkreisförmige schwarze Ornamente auf und ergänzen Sie sie in Türkis und Weiß. Bemalen Sie die Lippen in Perlglanz-Blau und bringen Sie mit dem Pinsel Glitzer in Türkis und Juwel-Glitzer auf ausgewählte Ornamente auf.

Tipp:
Lassen Sie Ihrer Kreativität beim Gestalten dieser Maske freien Lauf und schaffen Sie eine einzigartige „Königin der Nacht"!

Material:
Vogelschnabel aus Latex, Mastix-Kleber, Schminkschwämmchen, wasserlösliche Schminkfarben in Perlglanz-Gelb, Perlglanz-Blau, Perlglanz-Grün, Schwarz und Hellrot, Rundpinsel Größe 3, Gold-Juwel-Glitzer (mittel), Glitzer in Smaragdgrün, Rubinrot und Saphirblau

1. Kleben Sie den Latex-Schnabel mit Mastix-Kleber auf die Nase. Lassen Sie den Kleber fünf Minuten durchhärten.

2. Tragen Sie mit dem Schwämmchen in Perlglanz-Gelb und Perlglanz-Blau die Grundierung der Maske auf.

3. Deuten Sie mit dem Pinsel auf den Wangen, der Stirn und dem Kinn in Perlglanz-Gelb, Perlglanz-Grün, Perlglanz-Blau und Hellrot die ausgebreiteten Flügel und Federn eines Vogels an. Umrahmen Sie die Form mit dünnen schwarzen Linien. Die Lippen bemalen Sie mit roter Farbe. Zuletzt streuen Sie reichlich Glitzer in Smaragdgrün, Rubinrot, Saphirblau und Gold-Juwel über die gesamte Maske.

1

2

3

Pierrot

Material:
Schminkschwämmchen, wasserlösliche Schminkfarben in Weiß, Fuchsiapink und Schwarz, Rundpinsel Größe 3, Juwel-Glitzer (grob), Glitzer in Pink

1. Grundieren Sie mit dem Schwämmchen das ganze Gesicht gut deckend in Weiß.

Tipp:
Achten Sie darauf, dass das Schwämmchen nicht zu feucht ist. Tupfen Sie die weiße Farbe an Stellen, die noch fleckig sind, mehrmals auf.

2. Schminken Sie beide Wangen mit dem Schwämmchen bogenförmig in Fuchsiapink. Unterhalb der Augen tragen Sie mit dem Pinsel ein schwarzes Dreieck auf und setzen einen Punkt darunter.

3. Malen Sie übertrieben große, geschwungene schwarze Augenbrauen auf. Färben Sie die Lippen mit schwarzer Farbe und zeichnen Sie eine kleine Spitze auf das Kinn. Bringen Sie pinkfarbenen Glitzer auf die Wangen und Juwel-Glitzer auf die übrige Maske auf.

Material:
Schminkschwämmchen, wasserlösliche Schminkfarben in Perlglanz-Lila, Perlglanz-Pink und Schwarz, Rundpinsel Größe 1, Rundpinsel Größe 3, Juwel-Glitzer (grob), Glitzer in Flieder

1. Grundieren Sie mit dem Schwämmchen den äußeren Bereich der Wangen und der Stirn sowie die Augenpartie in Perlglanz-Lila. Lassen Sie die Farbe nach außen hin in Perlglanz-Pink übergehen.

2. Zeichnen Sie mit dem dickeren Pinsel schwarze Konturen vom Haaransatz über die Nase bis zu den Augenwinkeln.

3. Tragen Sie mit dem feinen Pinsel ein schwarzes Spinnennetz auf die Grundierung auf. Verteilen Sie mit dem Pinsel Juwel-Glitzer auf die schwarzen Untergründe. Betonen Sie die Lippen mit dem Pinsel in Perlglanz-Pink und mit fliederfarbenem Glitzer.

Waldfee

Material:
Schminkschwämmchen, wasserlösliche Schminkfarben in Perlglanz-Silber, Smaragdgrün, Pastellgrün und Königsrot, Juwel-Glitzer (mittel), Rundpinsel Größe 3, Glitzer in Smaragdgrün und Königsrot

1. Umrahmen Sie das Gesicht mit dem Schwämmchen in Perlglanz-Silber und Smaragdgrün oder Perlglanz-Grün. Streuen Sie Juwel-Glitzer über die gesamte Grundierung.

2. Malen Sie mit dem Pinsel pastellgrüne Efeublätter auf und konturieren Sie diese mit smaragdgrüner Farbe. Ordnen Sie die Blätter kranzförmig an.

3. Füllen Sie die Lücken zwischen den Blättern mit Schnörkeln in Perlglanz-Grün und mit smaragdgrünem Glitzer. Bemalen Sie die Lippen in Rot und tragen Sie mit dem Pinsel königsroten Glitzer auf die Farbe auf.

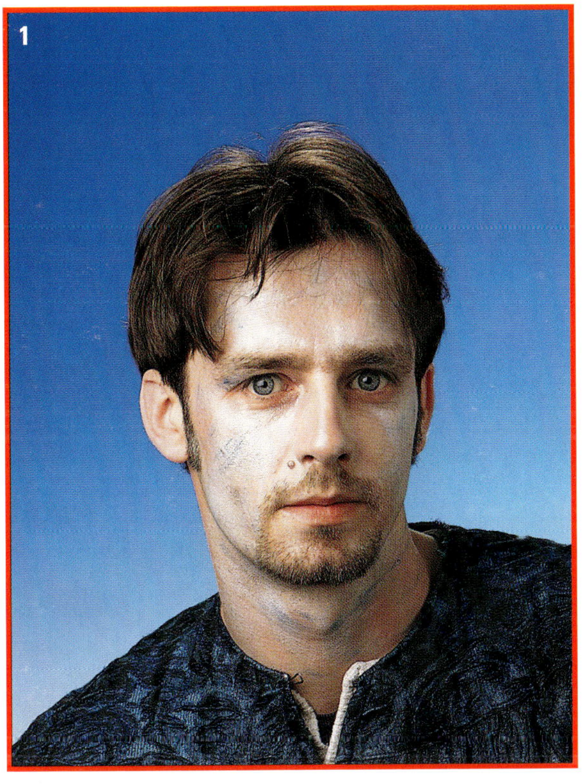

Material:
Schminkschwämmchen, wasserlösliche Schminkfarben in Perlglanz-Silber, Türkis, Weiß und Perlglanz-Blau, Rundpinsel Größe 3, Juwel-Glitzer (mittel), Perlmutt-Glitzer (irisierend), Glitzer in Himmelblau

1. Schraffieren Sie das Gesicht mit dem Schwämmchen in Perlglanz-Silber. Tupfen Sie an einigen Stellen zusätzlich Türkis auf.

2. Tragen Sie über den Augen und auf der Stirn mit dem Pinsel abwechselnd weiße und türkisfarbene geschwungene Linien auf. Unterhalb der Augen und an einem Mundwinkel malen Sie weiße „Eiszapfen" auf.

3. Schattieren Sie die „Eiszapfen" mit dem Pinsel in Türkis und umrahmen Sie sie in Perlglanz-Blau. Konturieren Sie die Linien auf der Stirn ebenfalls in Perlglanz-Blau und verwenden Sie diese Farbe auch zum Bemalen der Lippen. Verteilen Sie Juwel-, Perlmutt- und himmelblauen Glitzer ganz nach Ihren eigenen Vorstellungen.

Unaufhörlich dreht sich das Maskenkarussell. Aus der Anonymität des Alltags tauchen fantastische Gestalten auf, die einen weiten Bogen spannen zwischen Himmel und Hölle, den beiden Polen des Seins.

In Gefangenschaft auf der Erde vereint sind Engel und Teufelinnen wilden Löwen und Tigern ebenso ausgesetzt wie außerirdischen Gestalten und irdischen Bösewichtern.

Zugleich findet ein wildes Treiben zwischen Cowboys und Indianern, Guten Feen und Punks, Vogelscheuchen und unsterblichen Clowns statt.

Und auf einen wartet der erlösende Kuss der Prinzessin, der ihn in einen Prinzen verwandeln soll ...

Cowboy

Material:
Puderpinsel, Texas Dirt Powder, Schminkschwämmchen, Rundpinsel Größe 1, wasserlösliche Schminkfarben in Schwarz, Rundpinsel Größe 3

1. Tragen Sie mit dem Puderpinsel und Texas Dirt Powder trocken die Grundierung auf das Gesicht auf. Alternativ können Sie auch Perlglanz-Effekt-Puder in Bronze zum Grundieren verwenden. Setzen Sie mit Texas Dirt Powder oder Perlglanz-Effekt-Puder mit einem feuchten Schwämmchen Schatten unter die Augen und auf die Wangen.

2. Malen Sie mit dem dünnen Pinsel einen kräftigen, ausdrucksstarken schwarzen Bart auf.

3. Mit dem dickeren Pinsel ziehen Sie in Schwarz die Augenbrauen nach. Auf die Stirn und um die Augen zeichnen Sie mit dem dünnen Pinsel einige schwarze Falten.

Tipp:
In Bart und Augenbrauen können Sie mit dem Pinsel weiße oder graue „Haare" einfügen.

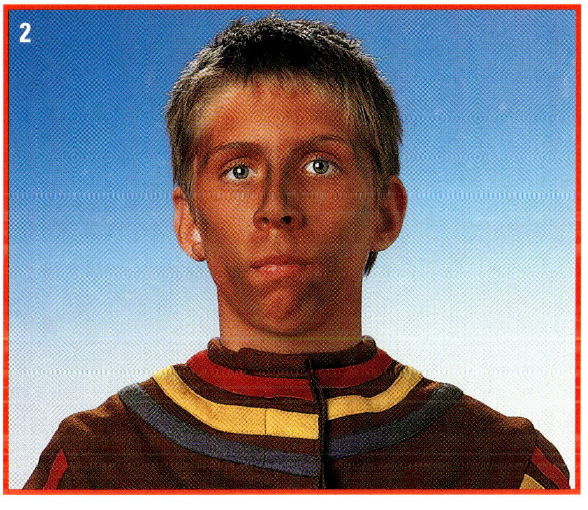

Material:
Schminkschwämmchen, wasserlösliche Schminkfarben in Rostbraun, Braun, Gelb, Hellrot und Königsblau, Flachpinsel Größe 4, Glitzer in Sonnengold, Rubinrot, Königsblau und Juwel-Glitzer (mittel)

1. Mit dem Schwämmchen grundieren Sie das Gesicht kräftig mit rostbrauner Farbe.

2. Schattieren Sie mit einem fast trockenen Schwämmchen das Kinn, die Nase, die Wangen und die Schläfen in Braun.

3. Zeichnen Sie in Gelb, Rot und Blau symmetrisch Striche und Ornamente auf das Gesicht. Hierzu eignet sich am besten ein kleiner Flachpinsel.

4. Betonen Sie die bunte Bemalung durch gleichfarbigen Glitzer oder Juwel-Glitzer.

Gute Fee

Material:
Schminkschwämmchen, wasserlösliche Schminkfarben in Weiß, Perlglanz-Silber, Türkis, Perlglanz-Blau, Himmelblau und Schwarz, Katzenzungenpinsel Größe 4, Juwel-Glitzer (grob)

1. Schraffieren Sie zunächst mit dem Schwämmchen eine dünne Grundierung in Weiß und Perlglanz-Silber auf. Mit dem Pinsel tragen Sie in Türkis die Ornamente und Schnörkel auf die Stirn, über den Augen und auf die Wangen auf.

2. Bemalen Sie die Lippen mit dem Pinsel türkisfarben. In Perlglanz-Blau oder Himmelblau setzen Sie einige Akzente auf die Maske und betonen die obere Lidpartie.

3. Konturieren Sie Teile der Ornamente in Schwarz und färben Sie Ober- und Unterlippe jeweils zur Hälfte gegenläufig in Himmelblau. Tragen Sie mit dem Pinsel groben Juwel-Glitzer auf das ganze Gesicht auf.

1

2

3

Material:
Schminkschwämmchen, wasserlösliche Schminkfarbe in Hautfarbe, Schwarz und Fuchsiapink, Rundpinsel Größe 3, Glitzer in Pink

1. Grundieren Sie das Gesicht mit dem Schwämmchen in Hautfarbe. Mit dem Pinsel umrahmen Sie das rechte Auge mit einem großen schwarzen Stern.

2. Malen Sie den Stern schwarz aus und umranden Sie das linke Auge mit einem oberen und einem unteren Lidstrich.

3. In Fuchsiapink setzen Sie mit dem Pinsel den Lidschatten über das linke Auge und betonen die Wangen und die Lippen. Konturieren Sie die Lippen in Schwarz und ziehen Sie die linke Augenbraue vom Nasenansatz weit nach außen. Verzieren Sie den Rand des Sterns, die Lippen, die Wangen und das linke Auge mit pinkfarbenem Glitzer.

Engel

Material:
Schminkschwämmchen, wasserlösliche Schminkfarben in Perlglanz-Silber und Perlglanz-Gold, Rundpinsel Größe 3, Gold-Juwel-Glitzer (mittel und fein), falsche Wimpern

1. Grundieren Sie das ganze Gesicht mit dem Schminkschwämmchen in Perlglanz-Silber.

2. In Perlglanz-Gold setzen Sie mit dem Pinsel Lidschatten über die Augen und bemalen die Lippen.

3. Streuen Sie Gold-Juwel-Glitzer mittlerer und feiner Körnung über die gesamte Maske und kleben Sie zuletzt falsche Wimpern an die Oberlider.

1

2

3

Material:
Schminkschwämmchen, wasserlösliche Schminkfarben in Hellrot und Schwarz, Rundpinsel Größe 3, Glitzer in Königsrot, Teufelshörner aus Latex, Mastix-Kleber

1. Grundieren Sie das ganze Gesicht gut deckend mit dem Schminkschwämmchen in Hellrot.

2. Betonen Sie die Unterlider mit dem Pinsel mit einem dünnen, die Oberlider mit einem dicken Lidstrich. Setzen Sie den unteren Lidstrich tief an und ziehen Sie ihn weit nach außen.

3. In Schwarz zeichnen Sie schwungvolle Augenbrauen und bemalen die Lippen. Um die Maske noch teuflischer erscheinen zu lassen, streuen Sie königsroten Glitzer über das ganze Gesicht. Zuletzt kleben Sie der Teufelin mit Mastix-Kleber Hörner auf die Stirn oder befestigen diese mit Klammern an den Haaren.

1

2

3

Löwe

Material:
Schminkschwämmchen, wasserlösliche Schminkfarben in Weiß, Perlglanz-Gelb, Perlglanz-Kupfer und Fuchsiapink, Rundpinsel Größe 3, Glitzer in Apricot

1. Grundieren Sie die Augen- und Mundpartie mit dem Schminkschwämmchen in Weiß.

2. Umrahmen Sie das Gesicht in Perlglanz-Kupfer und tragen Sie auf Nase, Wangen und Stirn Perlglanz-Gelb auf.

3. Tupfen Sie mit dem Schwämmchen einen kräftigen, großen Klecks Fuchsiapink auf die Nasenspitze. In Schwarz konturieren Sie mit dem Pinsel die weiß grundierten Stellen mit Zickzackschwüngen und umrahmen großzügig die Nase. Fügen Sie schwarze und weiße Schnurr- und Fellhaare auf Stirn, Wangen und Kinn in die Maske ein und setzen Sie schwarze Punkte unter die Nase. Umranden Sie mit einer dünnen Linie die Augen und bemalen Sie die Lippen schwarz. Zuletzt streuen Sie apricotfarbenen Glitzer über die Maske.

Material:
Schminkschwämmchen, wasserlösliche Schminkfarben in Weiß, Perlglanz-Gelb, Perlglanz-Orange und Schwarz, Rundpinsel Größe 3, Glitzer in Goldenorange

1. Tragen Sie mit dem Schwämmchen weiße Grundierung auf die Mundpartie und den Bereich über den Augen auf.

2. Setzen Sie mit dem Schwämmchen einen Rahmen in Perlglanz-Orange um das Gesicht und füllen Sie die übrige Gesichtsfläche in Perlglanz-Gelb aus. Tupfen Sie nach Belieben einige kupferfarbene Akzente auf.

3. Umrahmen Sie die weiße Augenpartie mit dem Pinsel in Schwarz und malen Sie die Nasenspitze an. Ebenfalls in Schwarz bringen Sie Schnurr- und Fellhaare auf Wangen, Kinn und Stirn auf, setzen schwarze Punkte über den Mund und bemalen die Lippen. Fügen Sie einige Fellhaare in Weiß hinzu und streuen Sie zum Schluss Glitzer in Goldenorange über die gesamte Maske.

Paradiesvogel

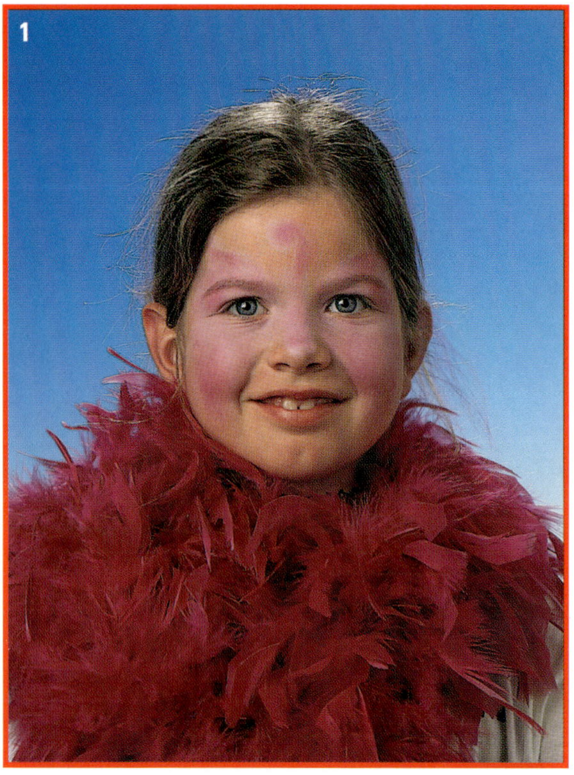

Material:
Schminkschwämmchen, wasserlösliche Schminkfarben in Hellpink, Fuchsiapink, Lila, Weiß und Türkis, Rundpinsel Größe 3, Gold-Juwel-Glitzer (grob), Glitzer in Türkis und Pink

1. Tupfen Sie mit dem Schwämmchen in Hellpink die Form des Paradiesvogels auf das Gesicht auf. Der Kopf des Vogels wird auf die Stirn, der Körper auf die Nase und die ausgebreiteten Flügel auf die Wangen und die Augenpartie des Modells aufgetragen. Setzen Sie Schattierungen in Fuchsiapink.

2. Deuten Sie mit dem Pinsel Federn in Fuchsiapink, Lila, Weiß und Türkis an.

3. Umrahmen Sie den Paradiesvogel mit dünnen Linien in Lila und fügen Sie einen gelben Schnabel an. Setzen Sie in Fuchsiapink drei Schnörkel auf den Vogelkopf und bemalen Sie mit derselben Farbe die Lippen des Modells. Streuen Sie großzügig Gold-Juwel-Glitzer sowie türkis- und pinkfarbenen Glitzer über die Maske.

Material:
Schminkschwämmchen, wasserlösliche Schminkfarben in Perlglanz-Grün, Smaragdgrün, Schwarz und Dunkelgrün, Rundpinsel Größe 3, Glitzer in Smaragdgrün, Juwel-Glitzer (grob), Gold-Juwel-Glitzer (grob)

1. Grundieren Sie das Gesicht mit dem Schwämmchen ungleichmäßig in Perlglanz-Grün und setzen Sie smaragdgrüne Highlights.

2. Umranden Sie die Augen mit dem Pinsel in Schwarz. Setzen Sie den oberen Lidstrich tief an und ziehen Sie ihn weit nach außen.

3. Betonen Sie den linken und den rechten Gesichtsrand mit smaragdgrüner Farbe. Zeichnen Sie mit dem Pinsel schwarze Schlangenhaut-Schuppen auf. Die Lippen des Modells bemalen Sie dunkelgrün. Verteilen Sie mit dem Pinsel smaragdgrünen, Juwel- sowie Gold-Juwel-Glitzer auf die gesamte Maske.

1

2

3

Wie im Märchen

Im Märchen bleibt das wahre Wesen einer Figur nie dauerhaft verborgen, mag die Tarnung auch noch so gelungen sein. Auch im Karneval wird das Sein durch den Schein der Maske nicht verdeckt, sondern vielmehr enthüllt.

Wer ist der wahre Bettelkönig, wer die richtige Prinzessin? Wer hat tatsächlich eine Froschnatur und wer spielt sie nur? Wie im Leben so im Märchen treffen nur scheinbar zufällig die unterschiedlichsten Gestalten aufeinander.

Ähnlich „märchenhaft“ sind die Begegnungen der Menschen während des Karnevals – und wenn sie nicht gestorben sind, dann leben sie alle noch heute …

Prinzessin

1

2

Material:
Schminkschwämmchen, wasserlösliche Schminkfarben in Perlglanz-Gold, Perlglanz-Blau, Türkis, Fuchsiapink und Gelb, Rundpinsel Größe 3, Glitzer in Himmelblau, Juwel-Glitzer (mittel), Gold-Juwel-Glitzer (mittel), falsche Wimpern

1. Schraffieren Sie mit dem Schwämmchen eine dünne, ungleichmäßige Grundierung in Perlglanz-Gold auf.

2. Legen Sie mit dem Pinsel Lidschatten in Perlglanz-Blau über die Augen. Bringen Sie einige kleine türkisfarbene Schnörkel auf beide Wangen auf.

3. Setzen Sie mit dem Pinsel einen pinkfarbenen Punkt zwischen die Augenbrauen. Tragen Sie darüber zwei S-förmige symmetrische Schnörkel in Gelb auf die Stirn auf und akzentuieren Sie diese in Fuchsiapink und Türkis. Fügen Sie zwischen die türkisfarbenen Schnörkel auf den Wangen noch einige in Pink hinzu und bemalen Sie die Lippen in derselben Farbe. Streuen Sie himmelblauen, Juwel- und Gold-Juwel-Glitzer mittlerer Körnung über die Maske. Zuletzt betonen Sie die Augen mit langen falschen Wimpern.

3

Material:
Schminkschwämmchen, wasserlösliche Schminkfarben in Pastellgrün, Gelb, Dunkelgrün, Schwarz und Smaragdgrün, Rundpinsel Größe 3, Glitzer in Classicgold und Smaragdgrün

1. Tragen Sie mit dem Schwämmchen die Form des Froschkopfes in Pastellgrün auf das Gesicht des Modells auf. Sparen Sie dabei den Augenbereich aus.

2. Tupfen Sie die Augenpartie mit dem Schminkschwämmchen und gelber Farbe aus. In Pastellgrün umrahmen Sie das Froschgesicht sorgfältig mit dem Pinsel und tönen den Hals mit dem Schwämmchen ab. Setzen Sie dunkelgrüne Flecken auf Hals, Nasenrücken und Gesichtsumrandung.

3. Konturieren Sie mit dem Pinsel die Maske und die gelben Augenbereiche in Schwarz und verbreitern Sie den Mund bis zur Wangenmitte. Setzen Sie einen dünnen smaragdgrünen Rahmen um die Mundlinie. Die Hände und Unterarme färben Sie ebenfalls smaragdgrün. Tragen Sie mit dem Pinsel Glitzer in Classicgold um die Augen und smaragdgrünen Glitzer auf die übrige Maske auf.

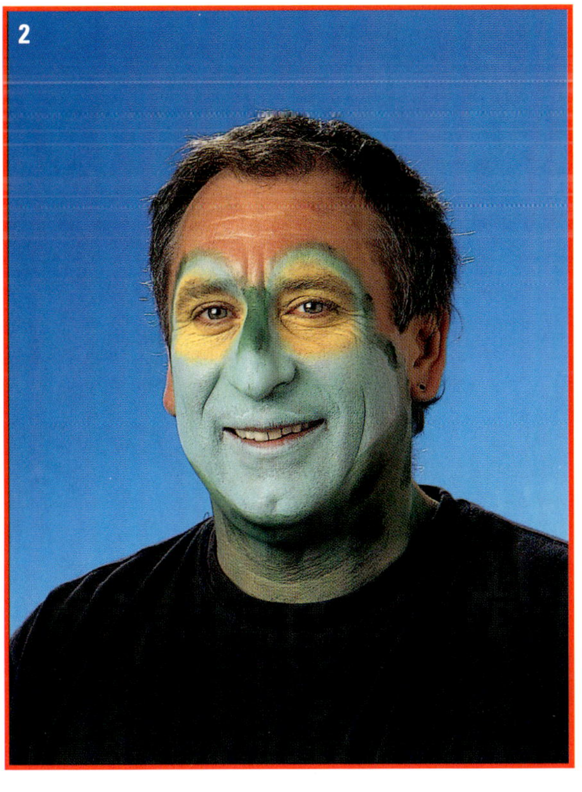

Fantomas

Material:
Schminkschwämmchen, wasserlösliche Schminkfarben in Perlglanz-Blau und Schwarz, Rundpinsel Größe 3, Glitzer in Königsblau

Tipp:
Diese Maske ist einfach und klar strukturiert. Sie erhält ihren Reiz durch die gleichmäßig grundierte, metallisch glänzende Gesichtsoberfläche.

1. Grundieren Sie das ganze Gesicht mit dem Schwämmchen sorgfältig und gut deckend in Perlglanz-Blau. Es sollten keine Streifen zu sehen sein.

2. Umrahmen Sie die Augen mit dem Pinsel und schwarzer Farbe. Setzen Sie die Rahmen unterhalb des inneren Augenwinkels an und lassen Sie sie nach oben und außen spitz auslaufen.

3. Schminken Sie die Lippen schwarz und streuen Sie königsblauen Glitzer über die gesamte Maske.

1

2

3

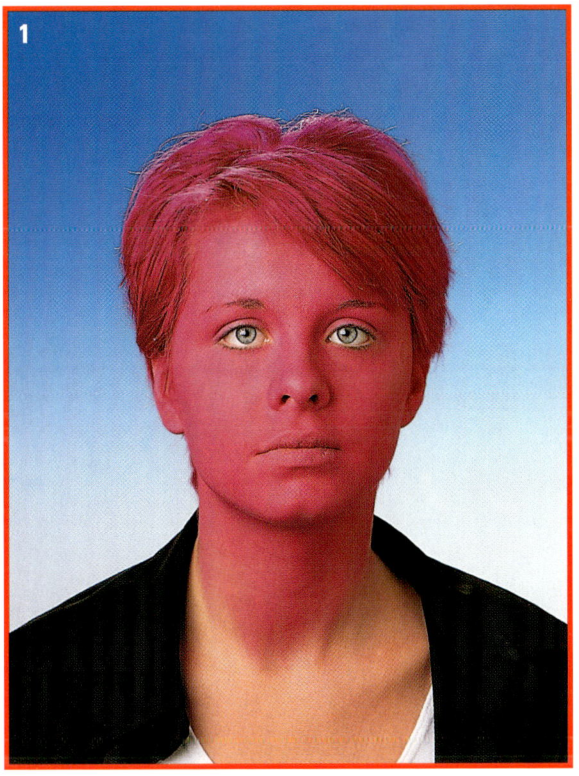

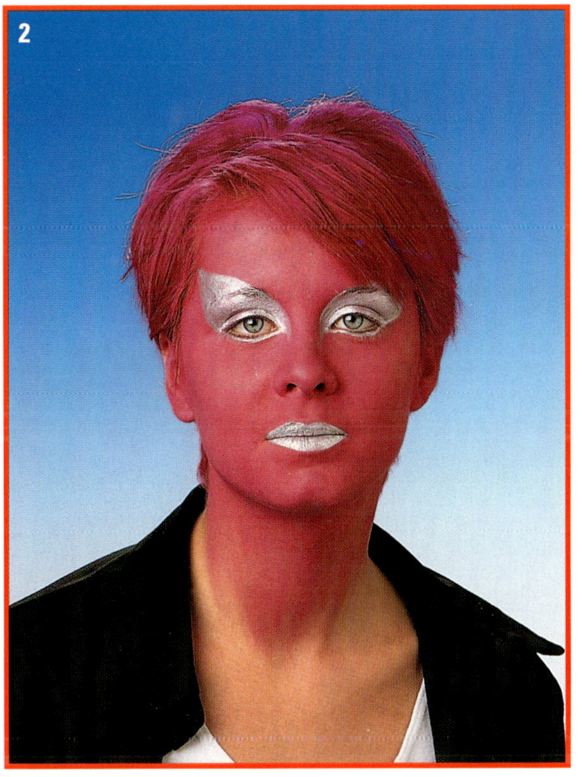

Material:
Schminkschwämmchen, wasserlösliche Schminkfarben in Fuchsiapink, Perlglanz-Silber, Weiß und Schwarz, Rundpinsel Größe 3, Rundpinsel Größe 1, Juwel-Glitzer (mittel), Glitzer in Pink

1. Grundieren Sie mit dem Schwämmchen das Gesicht, die Ohrläppchen und den Hals gleichmäßig deckend in Fuchsiapink.

2. In einer Mischung aus Perlglanz-Siber und Weiß betonen Sie mit dem dickeren Pinsel die Unterlider und tragen bis über die Augenbrauen hinaus Lidschatten auf. Die Lippen bemalen Sie in derselben Farbe.

3. Mit dem dünnen Pinsel und schwarzer Farbe umrahmen Sie die Lippen und die Augen und akzentuieren den Lidschatten. Malen Sie silberweiße Zackenmuster auf beide Wangen. Bestreuen Sie die Maske mit pinkfarbenem Glitzer und mittlerem Juwel-Glitzer.

Morgenröte

Material:
Schminkschwämmchen, wasserlösliche Schminkfarben in Perlglanz-Pink, Weiß, Lila und Schwarz, Rundpinsel Größe 3, Glitzer in Lila, Juwel-Glitzer (grob und mittel)

1. Legen Sie mit dem Schwämmchen eine Grundierung in Perlglanz-Pink auf die Wangen, die Schläfen und Teile der Stirn auf. Mit dem Pinsel setzen Sie Schnörkel in Weiß auf die Schläfen. Streuen Sie mittleren Juwel-Glitzer über die ganze Grundierung und tragen Sie mit dem Pinsel groben Juwel-Glitzer als Highlights auf.

Tipp:
Prüfen Sie vor dem Schminken der Maske die Deckkraft der aufzutragenden weißen Farbe. Deckt die Farbe zu schwach, verdünnen Sie sie mit weniger Wasser und nehmen etwas mehr Farbe mit dem Pinsel auf. Die Schnörkel sollten auf der dunkleren Grundierung deutlich zu sehen sein.

2. Schattieren Sie auch den Hals und das Dekolleté pinkfarben. Tragen Sie – immer dynamisch aus dem Handgelenk – weitere weiße Schnörkel in verschiedenen Formen auf die grundierten Stellen auf. Verzieren Sie Hals und Dekolleté ebenfalls mit Juwel-Glitzer.

3. Setzen Sie Akzente in Lila und Schwarz auf die Schnörkel. Tragen Sie mit dem Pinsel lilafarbenen Glitzer auf die gleichfarbigen Schnörkel auf.

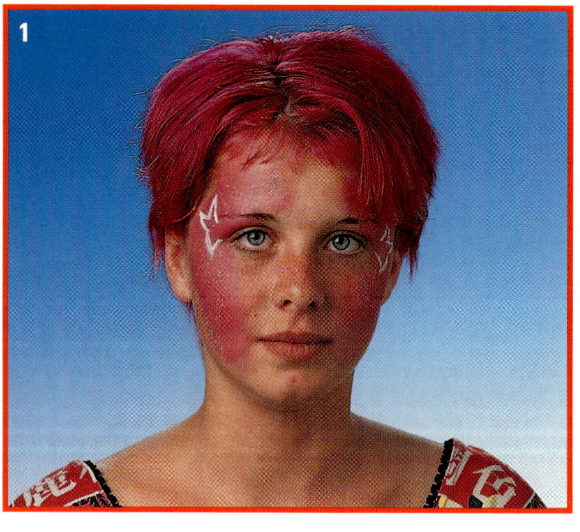

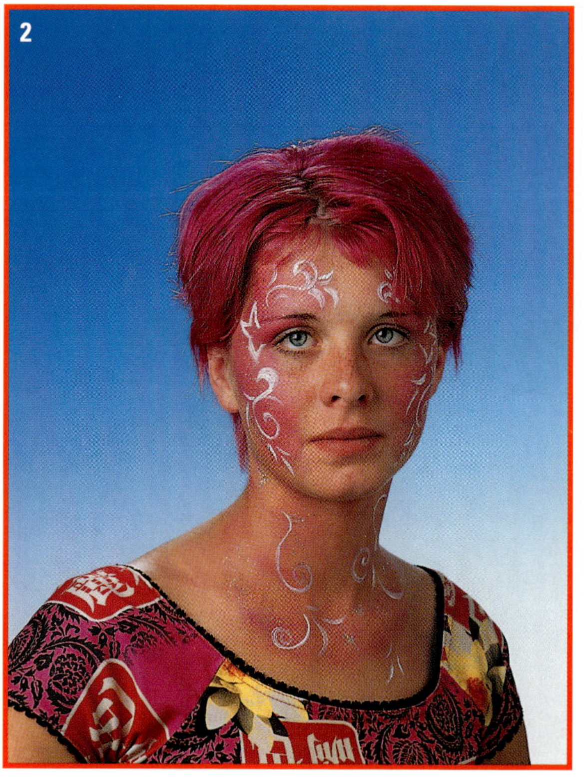

Material:
Schminkschwämmchen, wasserlösliche Schminkfarben in Perlglanz-Silber, Weiß, Perlglanz-Blau, Schwarz und Perlglanz-Gold, Rundpinsel Größe 3, Rundpinsel Größe 1, Perlmutt-Glitzer (irisierend), Juwel-Glitzer (grob), Glitzer in Türkis

1. Schattieren Sie mit dem Schwämmchen die rechte äußere Gesichtshälfte mit einer Mischung aus Perlglanz-Silber und Weiß. Grundieren Sie den „See" auf der unteren Gesichtspartie in Perlglanz-Blau.

2. Malen Sie mit dem dickeren Pinsel in Schwarz einen Baum und Schilf auf die silberweiße Grundierung.

3. Zeichnen Sie Wellen in Perlglanz-Silber und Perlglanz-Gold auf den blauen Untergrund. Deuten Sie mit dem dünnen Pinsel auf der Stirn fliegende schwarze Vögel an. Tragen Sie Perlmutt-Glitzer und groben Juwel-Glitzer mit dem Pinsel auf die Maske auf. Schminken Sie die Lippen in Perlglanz-Blau und betonen Sie sie mit türkisfarbenem Glitzer.

Tipp:
Bei dieser Maske sind die Lippen nicht direkt in das Motiv integriert. Mit Farbe betont bilden sie jedoch einen wirkungsvollen Kontrastpunkt zu der geschminkten Gesichtshälfte.

1

2

3

Marienkäfer

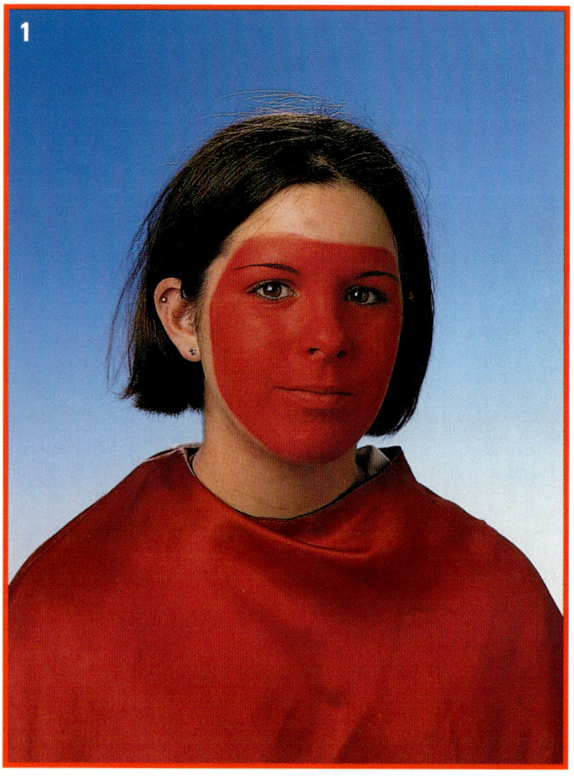

Material:
Schminkschwämmchen, wasserlösliche Schminkfarben in Hellrot und Schwarz, Flachpinsel Größe 16, Rundpinsel Größe 3, Juwel-Glitzer (grob), Glitzer in Königsrot

Tipp:
Bei dieser Maske wird das Gesicht genau in der Mitte mit einer dicken schwarzen Linie geteilt. Markieren Sie sich zuvor einige schwarze Hilfspunkte entlang der Mittelachse auf Stirn, Nase und Kinn, die Ihnen das Ziehen der geraden Linie erleichtern.

1. Tragen Sie mit dem Schwämmchen die ovale Form des Marienkäfers in Hellrot auf das Gesicht auf.

2. Umranden Sie das Gesicht mit dem Flachpinsel in Schwarz und malen Sie den Kopf und die Flügelspalte des Marienkäfers auf.

3. Setzen Sie mit dem Rundpinsel schwarze Punkte auf das Rot und bringen Sie zwei Fühler auf die Stirn auf. Tragen Sie groben Juwel-Glitzer auf den schwarzen Untergrund und königsroten Glitzer auf die rote Grundierung auf.

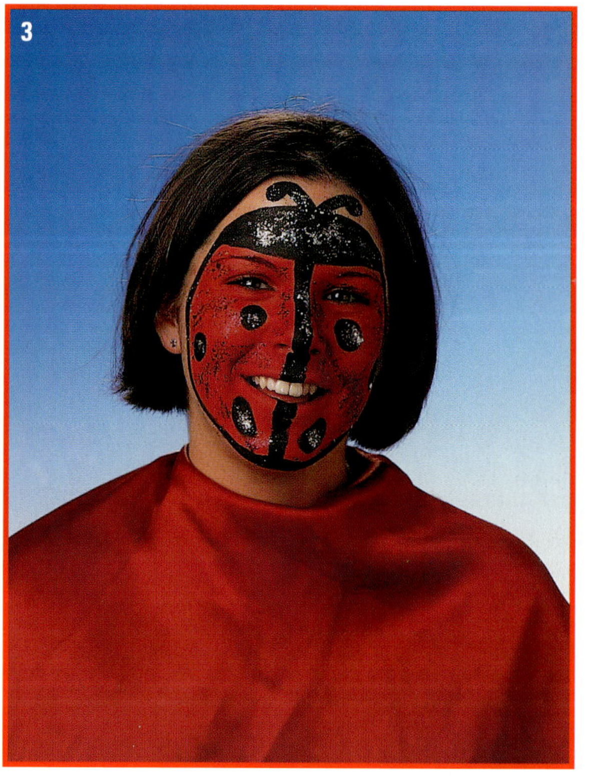

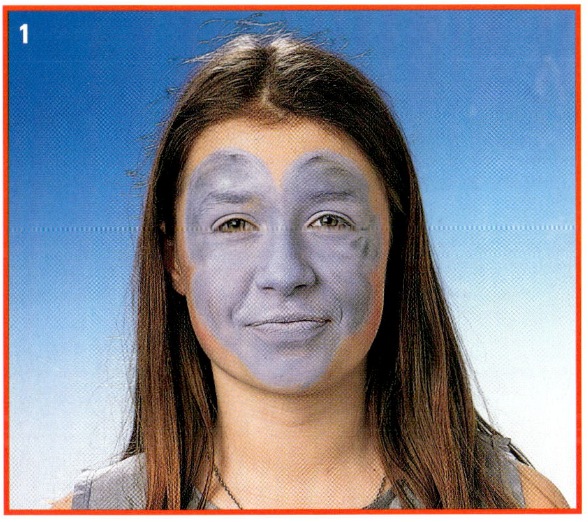

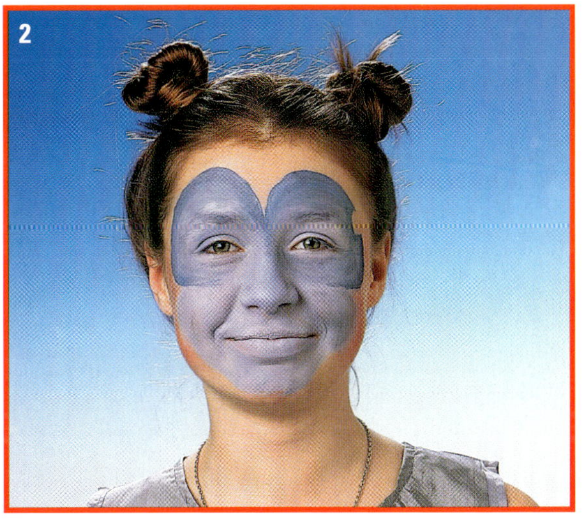

Material:
Schminkschwämmchen, wasserlösliche Schminkfarben in Grau, Schwarz, Pastellblau und Weiß, Rundpinsel Größe 3, Juwel-Glitzer (grob)

1. Legen Sie mit dem Schwämmchen die Kopfform der Maus in Grau an. Sparen Sie bei einem Ohr eine kleine runde Stelle für einen „Mausbiss" aus. Schattieren Sie den grauen Untergrund an einigen Stellen mit einem fast trockenen Schwämmchen in Schwarz.

2. Verstärken Sie die oberen Bögen der grundierten Maske in Pastellblau.

3. Tupfen Sie mit dem Schwämmchen weiße Farbe unter die Nase und malen Sie mit dem Pinsel weiße Mäusezähne auf Unterlippe und Kinn. Mischen Sie Grau und Schwarz und zeichnen Sie einige graue Haare über die Augen des Modells.

4. Umrahmen Sie die Maske, die Augen sowie die Mäusezähne mit dem Pinsel in Schwarz. Bringen Sie Schnurrhaare auf die Wangen auf. Setzen Sie einen großen schwarzen Punkt auf die Nasenspitze und kleine Punkte unter die Nase. Färben Sie die Oberlippe in der Mitte schwarz und verbinden Sie sie durch eine Linie mit der Nasenspitze. Tragen Sie mit dem Pinsel reichlich groben Juwel-Glitzer auf die Maske auf.

Zebra

Material:
Schminkschwämmchen, wasserlösliche Schminkfarben in Weiß und Schwarz, Katzenzungenpinsel Größe 3, Juwel-Glitzer (grob), Perlmutt-Glitzer (irisierend)

1. Grundieren Sie Gesicht, Hals, Dekolleté, Arme und Hände mit dem Schwämmchen gleichmäßig in Weiß.

2. Umrahmen Sie die Augen mit dem Pinsel in Schwarz und zeichnen Sie übergroße Wimpern unter die Augen. Bringen Sie Zebrastreifen in unterschiedlicher Länge und Dicke auf das Gesicht auf, gestalten Sie dabei die Gesichtshälften symmetrisch.

3. Setzen Sie die schwarze Streifenführung auf dem Hals, dem Dekolleté und den Armen fort. An diesen Stellen legen Sie die Linien etwas dicker und länger auf. Verteilen Sie zuletzt mit dem Pinsel nach Belieben Juwel- und Perlmutt-Glitzer auf die gesamte Maske.

1

2

3

Vogelscheuche

Material:
Schminkschwämmchen, wasserlösliche Schminkfarben in Beige, Braun, Schwarz und Fuchsiapink, Rundpinsel Größe 3, Gold-Juwel-Glitzer (fein)

1. Grundieren Sie das Gesicht und die Hände mit dem Schwämmchen in Beige.

2. Tragen Sie mit dem Schminkschwämmchen fleckig braune Farbe auf das Gesicht und den Hals auf, um die Vogelscheuche recht schmutzig aussehen zu lassen. Betonen Sie die Augenpartie kräftig in derselben Farbe.

3. Legen Sie auf die Hände braune und schwarze Flecken auf. Setzen Sie mit einem fast trockenen Schwämmchen in Fuchsiapink Schatten unter die Augen und heben Sie die Stirn und die Nasenspitze hervor. In Schwarz zeichnen Sie mit dem Pinsel kräftige Augenbrauen und Falten auf die Stirn, die Mundpartie und unter die Augen. Bemalen Sie, ebenfalls mit schwarzer Farbe, die Lippen und bringen Sie einen Flicken auf die Wange auf. Streuen Sie dezent feinen Gold-Juwel-Glitzer über die Maske.

Manegen-Clown

Material:
Schminkschwämmchen, wasserlösliche Schminkfarben in Weiß, Hellrot und Schwarz, Rundpinsel Größe 3, Clownnase (eckig oder rund), Mastix-Kleber, Glitzer in Rubinrot

1. Grundieren Sie mit dem Schwämmchen die Augen- und Mundpartie in der typischen Clownform in Weiß.

2. In Hellrot füllen Sie die übrige Gesichtsfläche mit dem Schwämmchen aus und bemalen mit dem Pinsel die Lippen.

3. Umrahmen Sie die weiß grundierten Bereiche und die Lippen mit dem Pinsel und schwarzer Farbe.

4. Malen Sie dicke schwarze Augenbrauen auf und betonen Sie die Mundwinkel mit einer kleinen schrägen Linie. Befestigen Sie mit Mastix-Kleber eine Clownnase auf der Nase des Modells. Tragen Sie mit dem Pinsel etwas rubinroten Glitzer auf den roten Untergrund auf.

Material:
Schminkschwämmchen, wasserlösliche Schminkfarben in Weiß, Himmelblau, Grün, Gelb und Hellrot, Rundpinsel Größe 3, Juwel-Glitzer (mittel und grob)

1. Mit dem Schwämmchen tragen Sie zwei Bögen in Weiß über den Augenbrauen auf und grundieren die Mundpartie bis zur Nasenmitte, zu den Wangen und zum Kinn.

2. Malen Sie mit dem Pinsel je eine gelbe und eine blaue Raute auf die Wangen. Verbinden Sie die Rauten durch mittelstarke Linien in Blau, Grün, Gelb und Rot.

3. Bringen Sie auf die weiße Grundierung über den Augen je eine Raute in Rot und in Schwarz auf. Schminken Sie die Lippen in Rot und ziehen Sie die Mundwinkel leicht nach oben und außen, um ein Lächeln anzudeuten. Zeichnen Sie in Rot ein Lachfältchen daneben. Umranden Sie die weißen Flächen in Himmelblau und setzen Sie einen roten Punkt auf die Nase. Legen Sie mit dem Pinsel Juwel-Glitzer mittlerer und grober Körnung auf die Maske auf.

Trick or Treat – Halloween

Endlich haben auch die finsteren Gestalten der Nacht ihren großen Auftritt. Am Jahresende, im düsteren Monat November, steigen sie aus ihren Gräbern und Verstecken: Dracula, Zombie, Hexe und Teufel. Auch der glühende Kürbis bringt nicht wirklich Licht in das Dunkel, vielmehr spiegelt sich in seinem schummrigen Lichterschein das Grauen und Schaudern einer schattenumflorten Nacht.

Nutzen Sie den Zauber des Schminkens, um diese dunkle Welt kennen zu lernen. Tauchen Sie ein in die Welt der Schabernack treibenden Geister – trick or treat!

Kürbis

Material:
Schminkschwämmchen, wasserlösliche Schminkfarbe in Weiß, Perlglanz-Orange und Schwarz, Rundpinsel Größe 3, Glitzer Goldenorange, Juwel-Glitzer (grob)

1. Tragen Sie die Mund- und Augenform eines Halloween-Kürbisses mit dem Schwämmchen und weißer Farbe auf das Gesicht auf. Legen Sie die Zickzacklinie für den Mund bis zu den Ohren an. Ziehen Sie die Ränder mit dem Pinsel sauber nach.

2. Färben Sie die übrige Gesichtsfläche und die Ohren mit dem Schwämmchen in Perlglanz-Orange.

3. Konturieren Sie die weiß grundierten Bereiche mit dem Pinsel in Schwarz. Deuten Sie Kürbisrillen an, indem Sie mehrere dünne schwarze Linien von der Stirnmitte bis zum unteren Gesichtsrand ziehen. Bringen Sie mit dem Pinsel Glitzer in Goldenorange auf die orangefarbenen Bereiche der Maske und groben Juwel-Glitzer auf die weißen Untergründe auf.

1

2

3

Material:
Schminkschwämmchen, wasserlösliche Schminkfarben in Weiß, Schwarz und Königsrot, Katzenzungenpinsel Größe 8, Rundpinsel Größe 1

1. Grundieren Sie das Gesicht, die Ohren und den Hals mit dem Schwämmchen in Weiß. Bringen Sie auch auf die Haare weiße Schminkfarbe auf.

2. Schattieren Sie mit dem Schwämmchen den Gesichtsrand, die Wangen und die Stirn dünn mit schwarzer Farbe und verbreitern Sie den Mund. Umrahmen Sie die Augen mit dem Katzenzungenpinsel weitläufig in kräftigem Schwarz. Färben Sie die Nasenspitze schwarz ein und „fransen" Sie sie zur Nasenmitte hin aus. Malen Sie mit Weiß Zähne auf und konturieren Sie diese mit dem feinen Pinsel schwarz.

3. Zeichnen Sie schwarze „Risse" auf die Stirn und die Wangen und heben Sie sie mit Königsrot hervor.

Teufel

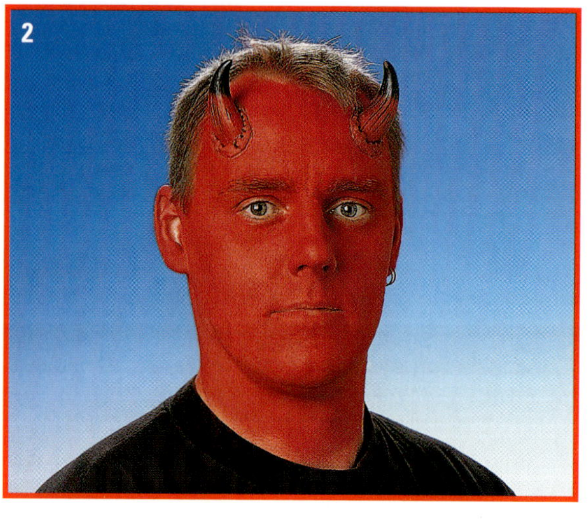

Material:
Teufelshörner, Mastix-Kleber, Schminkschwämmchen, wasserlösliche Schminkfarben in Hellrot, Schwarz, Perlglanz-Orange und Perlglanz-Gelb, Rundpinsel Größe 3, Glitzer in Königsrot, Gold-Juwel-Glitzer (grob)

1. Fixieren Sie zunächst die Hörner mit Mastix-Kleber auf der Stirn. Warten Sie etwa fünf Minuten bis der Mastix-Kleber durchgehärtet ist.

2. Grundieren Sie das Gesicht, die Ohren und den Hals mit dem Schwämmchen gut deckend in Hellrot.

3. Mit einem Schwämmchen malen Sie in Perlglanz-Orange Flammenformen auf den Hals und grundieren die Augenpartie. Auf die Wangen tragen Sie mit dem Pinsel nach unten gerichtete Flammen auf. Umrahmen Sie die Augen mit dem Pinsel und schwarzer Farbe. Ziehen Sie die Rahmen bis auf die Stirn und deuten Sie am oberen Rand buschige Augenbrauen an. Ebenfalls in Schwarz bringen Sie einen Oberlippenbart und einen kleinen Bart am Kinn auf.

4. Setzen Sie mit dem Pinsel ein schwarzes Dreieck mit der Spitze nach unten auf die Stirn. Konturieren Sie die orangefarbene Grundierung des Augen- und Wangenbereichs mit dem Pinsel in Perlglanz-Gelb. Umranden Sie die Flammen auf dem Hals in Perlglanz-Orange. Bemalen Sie die Lippen gelb. Streuen Sie zuletzt königsroten und groben Gold-Juwel-Glitzer über die gesamte Maske.

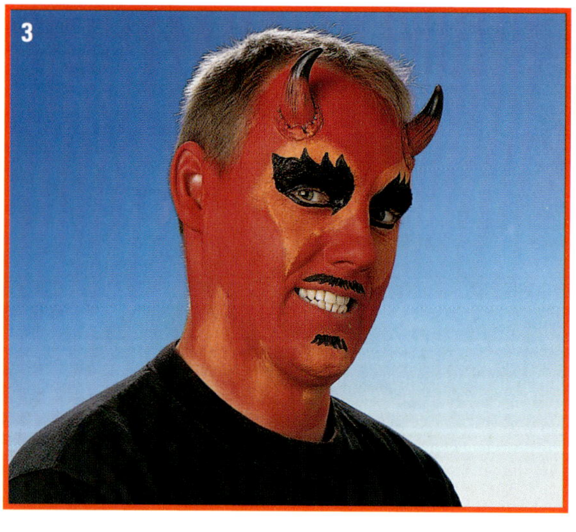

Sie reisen an aus unterschiedlichen Gefilden, im offenen Sarg aus Transsilvanien, auf einem Besen geradewegs vom Blocksberg. Graf Dracula und die Hexe geben sich die Ehre und betreten gemeinsam die Bühne der Schattenwelt.

Lichtscheue Gestalten treffen sich, um die schier unerschöpflichen Möglichkeiten zu feiern, mit ständig wechselnden Masken in immer neue Rollen schlüpfen zu können.

Dieses Buch lädt auch Sie ein, sich diesem Treffen anzuschließen, doch aufgepasst:
Es herrscht Maskenzwang!

Dracula

Material:
Schminkschwämmchen, wasserlösliche Schminkfarbe in Hautfarbe, Grau, Weinrot, schwarzer Dermatograph, Rundpinsel Größe 3, Filmblut, Vampirzähne (fangfastics)

1. Mit dem Schwamm tragen Sie eine hautfarbene Grundierung auf das Gesicht auf. Ziehen Sie mit dem schwarzen Dermatographen am unteren Wimpernrand einen Lidstrich.

2. Schattieren Sie mit einem fast trockenen Schwämmchen in Grau die Stirn, die Oberlider, die Nase und das Kinn. Bringen Sie mit einem nur wenig befeuchteten Schwamm Augenringe in Weinrot auf.

3. Tragen Sie mit dem Pinsel so viel Filmblut auf die Mundwinkel auf, dass es bis zum Kinn hinunterläuft. Zur Verstärkung des grauenerregenden Aussehens stecken Sie Vampirzähne auf die Eckzähne auf.

Material:
Gelatine, Schminkschwämmchen, wasserlösliche Schminkfarben in Beige, Königsrot, Schwarz, Grasgrün, Lila und Weinrot, Rundpinsel Größe 3, Filmblut (Blutgel)

1. Verrühren Sie die Gelatine so lange mit Wasser, bis sie die Konsistenz von Wackelpudding erreicht hat. Tragen Sie die Masse mit den Fingern dünn auf die Stirn, eine Wange und den Hals auf, Strukturen entstehen dabei von allein. Lassen Sie sie etwa zehn Minuten durchtrocknen. Sie können den Trocknungsprozess auch mit einem lauwarmen Luftstrahl aus dem Föhn beschleunigen.

2. Grundieren Sie die übrige Gesichtsfläche mit dem Schwämmchen beigefarben. Tragen Sie, ebenfalls mit dem Schwämmchen, auf die Gelatine königsrote Farbe oder Filmblut auf.

3. Setzen Sie mit dem Pinsel einen dünnen schwarzen Lidstrich auf den unteren Augenrand. Schraffieren Sie die Gelatinefläche mit dem Schwämmchen dünn in Schwarz, danach in Grasgrün, Lila und Weinrot. Setzen Sie auf die nicht modellierten Hautstellen grüne, lilafarbene und weinrote Flecken. Verteilen Sie zuletzt mit dem Pinsel großzügig Filmblut unter die Augen, in die Mundwinkel und auf die Gelatine. Färben Sie die Haare mit dem Schwämmchen in Beige oder Weiß ein.

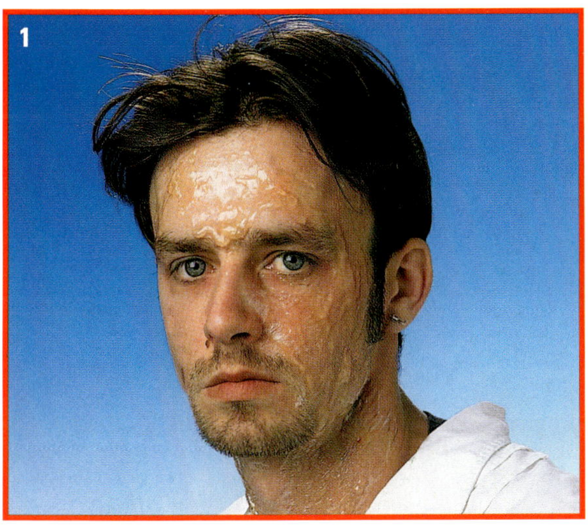

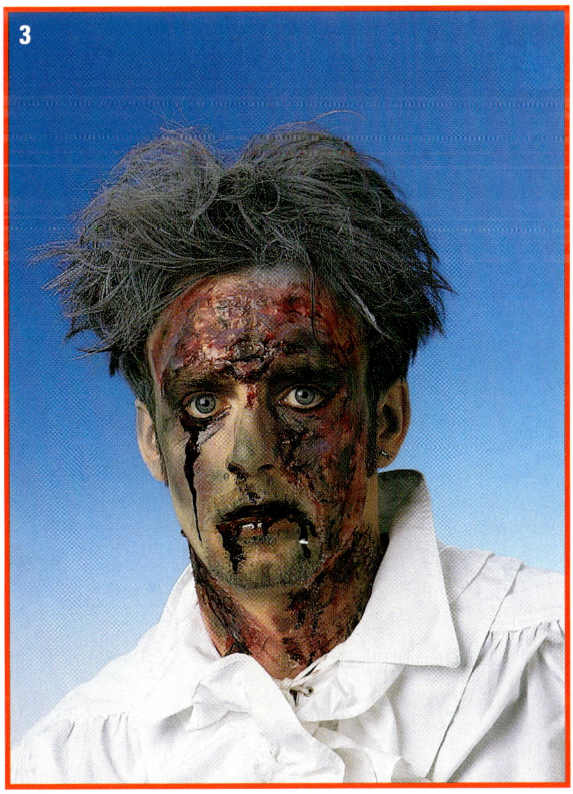

Material:

Hexennase, Hexenkinn und Hexenwarzen aus Latex, Mastix-Kleber, Rundpinsel Größe 3, wasserlösliche Schminkfarben in Pastellgrün, Grasgrün, Weinrot und Lila, Schminkschwämmchen, Glitzer in Smaragdgrün

1. Befestigen Sie die Nase und das Kinn aus Latex mit Mastix-Kleber. Verteilen Sie die Warzen auf Nase und Kinn. Bemalen Sie die Latexteile mit dem Pinsel in Pastellgrün.

2. Grundieren Sie das Gesicht und den Hals mit dem Schwämmchen ebenfalls in Pastellgrün. Schattieren Sie den unteren Gesichtsrand, die Wangen, die Nase und die Oberlider in Grasgrün. Zeichnen Sie mit dem Pinsel einige grasgrüne Falten auf die Stirn, in die Augenpartie und die Mundwinkel.

3. Kolorieren Sie die Warzen mit dem Pinsel in Weinrot.

4. Setzen Sie mit dem Pinsel in Weinrot Schatten unter die Augen und lassen Sie diese nach unten in Lila übergehen. In Schwarz malen Sie buschige Augenbrauen auf und schminken die Lippen. Als dekoratives Highlight tragen Sie mit dem Pinsel smaragdgrünen Glitzer auf die Maske auf.

Tipp:

Die Haare der Hexe können Sie nach Belieben einfärben, z. B. in Knallrot, Giftgrün oder Orange.

Wasserlösliche Schminkfarben und Zubehör erhalten Sie bei:

EULENSPIEGEL™
PROFI-SCHMINKFARBEN

Obergasse · 65589 Hadamar-Niederzeuzheim
Telefon 06433/9144-0, Fax: 06433/9144-44
Internetadresse: www.eulenspiegel.de

Wir danken unseren Modellen:
Sophie, Fabiola, Kristin, Zoila, Jeannette, Ariane, Marisa, Kalina, Cosima, Nicole, Klaudia, Nicola, Holger, Andreas, Jakob, Matthias, Jan-Ole, Alex, Ewald und Dominik, die mit Engagement in die verschiedenen Rollen schlüpften.

Pinsel und Schwämmchen schwangen die Mitglieder vom Eulenspiegel-Schminkteam:
Roksana Sotek, Sandra Loos und Steffi Laukens, unter der Leitung von Nicole Wolfanger-von Kleist.

Besonders bedanken möchten wir uns bei der Firma *„Theaterkostüme Jansen“*, Frankfurt am Main, die unsere Schminkaktion großzügig mit fantasievollen Kostümen unterstützte.